关于朝辉（私募）投资管理机构

朝辉（私募）投资管理机构由国内顶级操盘大师伍朝辉先生于1999年在广州发起创立，是一个纯民间私募投资理财组织。朝辉（私募）投资管理机构主要为内部会员提供个性化投资决策、全权委托理财服务，并由伍朝辉先生直接负责指挥操盘。

机构自创立以来，与国内多家证券公司、投资机构均有不同深度的合作，如广发证券、中投证券、联合证券、湘财证券、大鹏证券、光大证券等；近10年来，组织大量资金跟进每波主流行情，内部会员获利极为丰厚。仅2005年以来，内部钻石会员的平均收益率达到468%！白金会员的平均收益率达到300%以上！普通会员平均收益率达到190%以上（普通会员以随机调查取样统计结果）。以2006年12月11日入会的钻石会员邓先生为例：入市资金为132万元，截止2007年12月，资产总额已经达到1595万元，收益率超过10倍！

朝辉（私募）投资管理机构经过10多年的发展，由最初仅1800万元启动资金5个钻石会员客户，到如今，已经拥有200亿以上资金总量，并在全国20个省80多个城市100余家证券公司拥有会员交易账户，从而成为华南地区特大型民间私募组织之一。

特大型私募机构职业操盘手培训教程

《中国证券职业操盘培训教程》系列丛书

道破涨停天机

伍朝辉 著

彩图版

（下册）

必将为你带来终生财富的工具书

廣東省出版集團
广东经济出版社
·广州·

图书在版编目（CIP）数据

道破涨停天机：彩图版．下册／伍朝辉著．—广州：广东经济出版社，2013.3
（《中国证券职业操盘培训教程》系列丛书）
ISBN 978－7－5454－2178－1

Ⅰ.①道…　Ⅱ.①伍…　Ⅲ①股票交易—基本知识　Ⅳ.①F830.91

中国版本图书馆 CIP 数据核字（2013）第 042011 号

出版发行	广东经济出版社（广州市环市东路水荫路 11 号 11～12 楼）
经销	全国新华书店
印刷	佛山市浩文彩色印刷有限公司（南海狮山科技工业园 A 区）
开本	787 毫米×1092 毫米　1/16
印张	16　2 插页
字数	175 000 字
版次	2013 年 3 月第 1 版
印次	2013 年 3 月第 1 次
印数	1～10 000 册
书号	ISBN 978－7－5454－2178－1
定价	80.00 元

如发现印装质量问题，影响阅读，请与承印厂联系调换。
发行部地址：广州市环市东路水荫路 11 号 11 楼
电话：（020）38306055　38306107　邮政编码：510075
邮购地址：广州市环市东路水荫路 11 号 11 楼
电话：（020）37601950　营销网址：**http://www.gebook.com**
广东经济出版社新浪官方微博：**http://e.weibo.com/gebook**
广东经济出版社常年法律顾问：何剑桥律师

股市投资与大乘佛法（代前言）

接触佛学已有经年，伍朝辉我自认为对浩瀚如烟海的大乘佛法知之不多，一部金刚经在手已经够毕生之受用。与别的居士们不同，我对佛法的理解归纳为四个字，即：戒、定、真、慧。而天下禅宗归根结底只有一个字，谓为："空"。在对空的理解方面，最能达到登峰造极境界的大师当属禅宗六祖慧能大师。在《六祖坛经》中有过这样一段记载文字，我将它摘抄下来，以备赏读：

八月余日，祖一日忽见惠能曰："吾思汝之见可用，恐有恶人害汝，遂不与汝言，汝知之否？"惠能曰："弟子亦知师意，不敢行至当前，令人不觉。"

祖一日唤诸门人总来："吾向汝说，世人生死事大，汝等终日只求福田，不求出离生死苦海，自性若迷，福何可救？汝等各去自看智慧，取自本心般若之性，各作一偈，来呈吾看。若悟大意，付汝衣法，为第六代祖。火急速去，不得迟滞；思量即不中用，见性之人，言下须见，若如此者，轮刀上阵，亦得见之。"

众得处分，退而递相谓曰："我等众人，不须澄心用意作偈，将呈和尚，有何所益？神秀上座，现为教授师，必是他得。我辈设作偈颂，枉用心力。"

诸人闻语，总皆息心，咸言："我等已后依止秀师，何烦作偈？"

神秀思惟："诸人不呈偈者，为我与他为教授师，我须作偈，将呈和尚，若不呈偈，和尚如何知我心中凡解深浅？我呈偈意，求法即善，觅祖即恶，却同凡心，夺其圣位奚别？若不呈偈，终不得法。大难大难！"

五祖堂前，有步廊三间，拟请供奉卢珍，画楞伽变相，及五祖血图，流传供养。神秀作偈成已，数度欲呈，行至堂前，心中恍惚，遍身汗流，拟呈不得；前后经四日，一十三度呈偈不得。秀乃思惟："不如向廊下书著，从他和尚看见。忽若道好，即出礼拜，云是秀作；若道不堪，枉向小中数年，受人礼拜，更修何道?"

是夜三更，不使人知，自执灯，书偈于南廊壁间，呈心所见。偈曰：

"身是菩提树，心如明镜台，时时勤拂拭，勿使惹尘埃。"

秀书偈了，便却归房，人总不知。秀复思惟："五祖明日见偈欢喜，即我与法有缘；若言不堪，自是我迷，宿业障重，不合得法。"圣意难测，房中思想，坐卧不安，直至五更。

祖已知神秀入门未得，不见自性。天明，祖唤卢供奉来，向南廊壁问，绘画图相，忽见其偈，报言："供奉却不用画，劳尔远水。经云："凡所有相，皆是虚妄。"但留此偈，与人诵持，依此偈修。免堕恶道，依此偈修，有大利益。"

令门人炷香礼敬，尽诵此偈，即得见性，门人诵偈，皆叹善哉。

祖，三更唤秀入堂，问曰："偈是汝作否?"秀言："实是秀作，不敢妄求祖位，望和尚慈悲，看弟子有少会慧否?"

祖曰："汝作此偈，未见本性，只到门外，未入门内。如此见解，觅无上菩提，了不可得；无上菩提，须得言下识自本心，凡自本性，不生不灭。于一切时中，念念自凡，万法无滞，一其匆一其，万境白如如。如如之心，印是其实，若如是见，即是无上菩提之自性也。汝且去，一两日思惟，更作一偈，将来吾看；汝偈若入得门，付汝衣法。"

神秀作礼而出。又经数日，作偈不成，心中恍惚，神思不安，犹如梦中，行坐不乐。

一复两日，有一童子于碓坊过，唱诵其偈；惠能一闻，便知此偈未见本性，虽未蒙教授，早识大意。遂问童子曰："诵者何偈?"童子曰："尔这獦獦不知，大师言，世人生死事大，欲得传付衣法，令门人作偈来看。若悟大意，即付衣法为第六祖。神秀上座，于南廊壁上，书无相偈，大师令人皆诵，依此偈修，免堕恶道；依此偈修，有大利益。"

惠能曰："上人！我此踏碓，八个余月，未曾行到堂前，望上人引至偈前礼拜。"

童子引至偈前礼拜，惠能曰："惠能不识字，请上人为读。"

时，有江州别驾，姓张名日用，便高声读。惠能闻已，遂言："亦有一偈，望别驾为书。”

别驾言：“汝亦作偈，其事希有！”

惠能向别驾言：“欲学无上菩提，不得轻于初学。下下人有上上智，上上人有没意智。”

别驾言：“汝但诵偈，吾为汝书。汝若得法，先须度吾，勿忘此言。”

惠能偈曰：“菩提本无树，明镜亦非台，本来无一物，何处惹尘埃。”

书此偈已，徒众总惊，无不嗟讶，各相谓言：“奇哉！不得以貌取人，何得多时，使他肉身菩萨。”

祖见众人惊怪，恐人损害，遂将鞋擦了偈，曰：“亦未见性。”众以为然。

次日，祖潜至碓坊，见能腰石舂米，语曰：“求道之人，当如是乎？”乃问曰：“米熟也未？”惠能曰：“米熟久矣，犹欠筛在。”

祖以杖击碓三下而去。惠能即会祖意，三鼓入室；祖以袈裟遮围，不令人见，为说金刚经。至“应无所住而生其心”，惠能言下大悟，一切万法，不离自性。

细细阅读这段文字煞是精彩。上面讲的是五祖传衣钵于六祖之事，而当时神秀为五祖的大弟子，但由于仍未明心见性，未了悟禅宗无上心法，因而未能得授五祖法衣。而慧能的四句偈言深得禅宗“空”字之精要，因而明心见性，悟道佛法，最终成为禅宗六祖。

那么，你学佛学到什么呢？

很多人以为一进寺庙，烧香叩头就是学佛了，其实大错而特错。更有甚者，有些人去寺庙烧又长又粗的高香，以求神佛的保佑，实则愚昧之极！

佛教作为一门宗教哲学体系，它的核心是教化世人多行善莫作恶，一部金刚经里面讲了许多做人做事方面的修行知识。在电影《非诚勿扰 2》中有一段经典的台词，即：人生是一种修行。这是非常有意思的！

那么，学佛学到什么呢？很简单，我开头就讲过，我得到四个字，即：戒、定、真、慧。

第一个是戒，戒是指戒律、规律。戒律，也可以称为规矩、制度或纪律，做人做事，首先要讲规矩，遵守纪律，所谓没有规矩不成方圆就是这个道理。而规律是什么？意即自然而然，凡事凡物都有它的自然规律，你不要想着超越或打破这个规律，否则就不和谐了。

第二个是定。定是指定位、恒定、坚定、执行。定位，是要求每个人都要给自己定位，你是做什么的，你该干什么，要想清楚。恒定，就是指意志要坚强要稳定，做事要有恒心，要精进；而坚定是什么，关键是立场与信念要坚定，你认可的事与真理，一定要坚持到底，不可东摇西摆。最后就是要执行，执行是定的一解读方式，意指坚定的执行力。

第三个是真。真是指本我、真实、真心。本我，是指你一定要认识到自己是什么人？要还原自己，要从内心深处去发现自己。很多人都披着一个面具在虚假地工作生活，我们的本我是什么，我们从何处来要向何处去？你一定要找到本我，别在茫茫人生中迷失了自己。真实是什么呢？我们说话、做事要力求真实，要能发现事物的真相，找到他的本质。真心则是指我们对人处事一定是真心实意的，没有半点虚假，而学佛，也要以真实心去接受去研究去体验，不可利用“佛”。

第四个是慧。慧是指开悟、智慧。开悟，是指明白、发现、了然的意思。你没有开悟，说明你没有守戒、生定，没有还原本我，因而无法开悟。所谓定能生慧就是这个意思。无定，则无慧！智慧是什么意思？很简单了，就是聪明了，且具有渊博的知识，佛经云：具足智慧也。

前面都是讲经，尝试解读大乘佛法，其实是讲我自己的学佛心得体会。那么，大乘佛法与股市投资有没有密切的关系？有，简直太有了！用上面讲到的四个字，我们来一一分析股市投资的无上心法吧。

首先是戒。我想，这个戒包含有：股市运行规律、股价波动规律、个人投资纪律等等要素。进入这个市场，我们首先要遵守这个市场的规矩，要了解股市运行的规律，了解股价波动的规律，同时，要严格制定自己的投资纪律。我要求我的操盘手们都要制定自己的交易模型，其实就是要他们制定交易策略，这个策略就是纪律！学会了“戒”字，就是迈向成功的第一步！

其次是定。很多人失败就是败在这个定字上，心不定，个人投资没有定位，不知道自己是干吗的。譬如有些人做短线，结果一套牢，他就变成了中线，甚至长线。而有些人做长线，结果赚了点小钱，就变成了短线。一天到晚都在瞎忙。不能给自己一个合适的定位，心乱如麻，早晚都是庄家的炮灰。

接下来是真。你在这个市场混，你要能发现这个市场的本质是什么？价格为什么会产生剧烈的波动？它背后包含了什么样的信息？你要懂得还原这个市场的真实“本我”。然后，你的投资策略中要力求真，找到它的命门，出手就赢！

最后是慧。这个时候，你开悟了。你开悟是因为你严格遵守了交易模型所规定的纪律，然后，你严格坚定地执行了你所要交易的策略，在不断成功与失败的交易过程中，你不断总结经验，最后，你终于完善了你的交易模型。在这个阶段，你突然开悟，突然生慧。你发现，这个市场原来不过如此，赚钱原来如此简单！

我和我的操盘手们都是经历这样一个历练的过程，这个过程就叫：“修行”。

因而，我可以这样说：炒股，是一种修行！

我们在修什么？我们每天都在修：戒、定、真、慧这四个字。

一切股市投资的大乘佛法，皆从此四字出。

目　录

第一章

第四时间段涨停

职业操盘培训要点：

（一）了解和掌握第四时间段涨停的主要形式。

（二）了解和掌握第四时间段涨停的操盘意义。

（三）了解和掌握二波涨停的操盘意义。

（四）了解和掌握三波涨停的操盘意义。

（五）了解和掌握多波涨停的操盘意义。

第一节　二波涨停

第四时间段：午盘 13：00－14：00 分。

第四时间段时间总长度：60 分钟。

狙击时间：

第一关键点：午盘 13：00－13：30 分。

第二关键点：午盘 13：30－14：00 分。

狙击涨停秘诀：

第一条：股价第一时间段高开 3% 以上。放量，量比 2～5 倍。早盘拉升后回调至均价线展开反复震荡，第四时间段实施二波拉升直接涨停。均价线角度向上，姿态稳定，可以现价大仓位买进。

第二条：股价第一时间段高开 1% 以上。放量，量比 2 倍以上。早中盘回调跌破昨收盘价反复震仓，第四时间段实施二波拉升带巨量直接攻击涨停。均价线角度向上，姿态稳定，可以现价大仓位买进。

第三条：股价平开，回调跌破昨收盘价后反复震仓。第四时间段实施二波拉升，带巨量直接攻击涨停。放量，量比 1 倍以上。当股价第二波直接攻击涨停时，可以现价加码买进。

第四条：股价低开 3% 以内。放量，量比 1 倍以上。早中盘快速拉升突破昨收盘价后，回调不破开盘价，盘中反复震仓，第四时间段实施二波拉升方式带巨量直接攻击涨停。均价线角度向上，姿态稳定。当股价第二波直接攻击涨停，最后一笔大卖单被即将吃掉时，可以现价加码买进。

【道破涨停天机】实战图谱 001

直角攻击、二波涨停临盘技术判断与操盘决策：

该股早盘高开低走，上午围绕昨收盘价反复震荡。第三时间段的 11：30 分，股价开始放量拉升异动，主力在 1 分钟内分别于 17.44 元成交 154 手、17.6 元成交 933 手、17.87 元成交 876 手、17.9 元成交 1434 手、18.06 元成交 158 手、18.2 元成交 459 手、18.38 元成交 357 手、18.6 元成交 325 手等共 11 笔大单。从第三时间

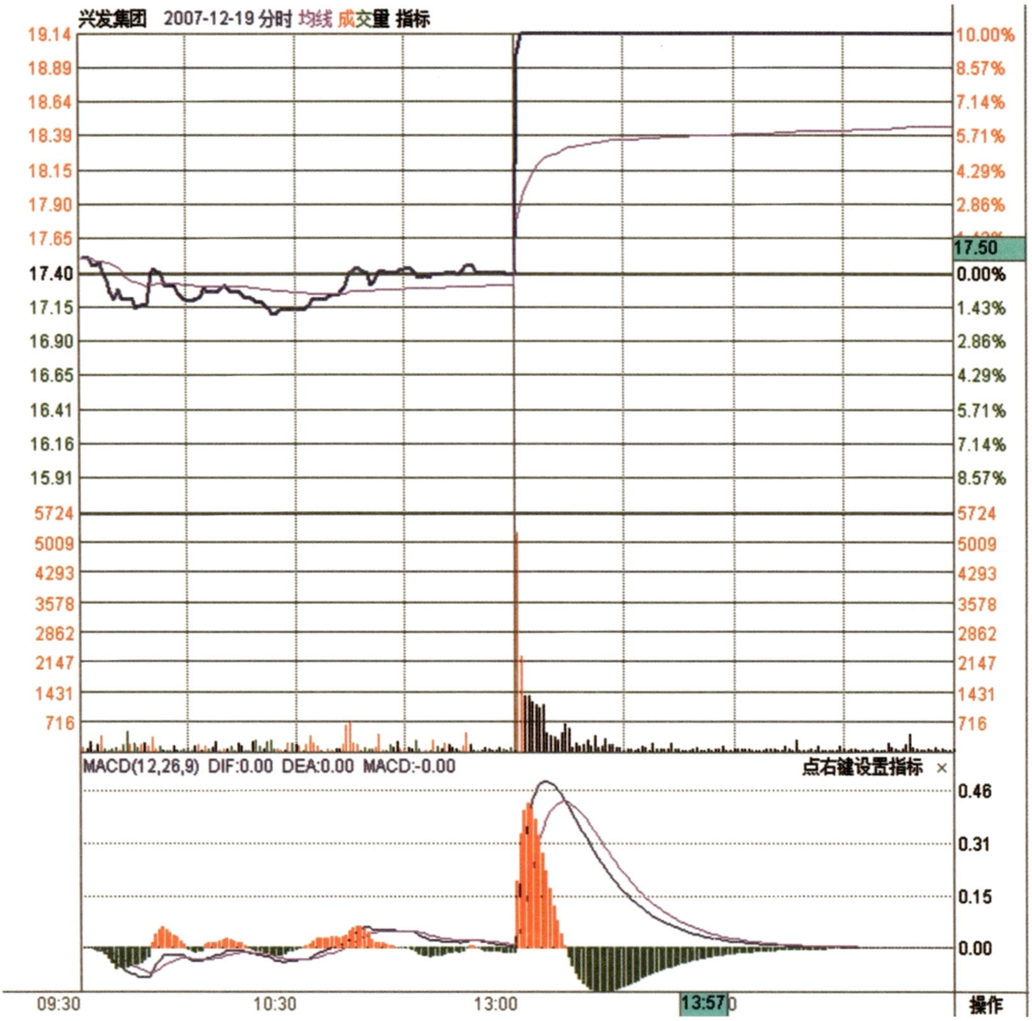

图例 001 兴发集团（600141）第四时间段盘口即时走势图谱

段收盘时的单量看，明显是超级主力对调操盘行为，属于突袭式操盘手段，根本不给跟风盘任何机会。第四时间段一开盘，股价在 5 秒钟内瞬间涨停。成交量急速放大。第三时间段的启动式拉升攻击至第四时间段的涨停，可分为瞬间攻击的二波涨停经典战法。股价封停时，封停单量达到 31459 手，量比 1 倍以上，量价结构健康。从盘口看，该股有超级主力在场中控盘。今日涨停是股价加速上涨信号，临盘应积极介入。由于股价涨停波形十分急促，次日早盘必然展开盘中震仓动作，因此，仍可择低加仓。

【道破涨停天机】实战图谱 002

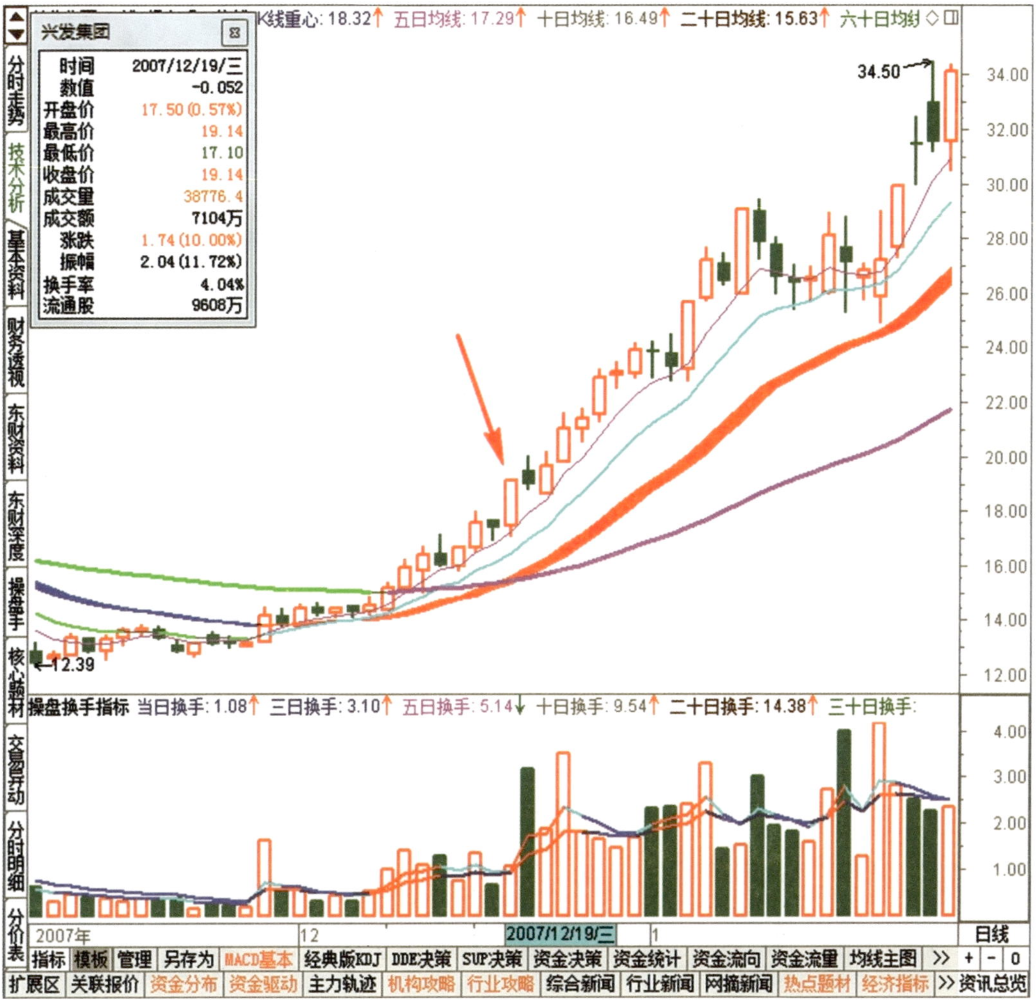

图例 002　兴发集团（600141）日 K 线走势图谱

（一）当日日 K 线操盘技术分析：该股昨日小幅洗盘后，在 5 天均线明显止跌。股价以震荡盘升趋势运行，上升角度陡峭，属于激进型攻击拉升形态。今日早盘高开快速完成震仓动作后于盘中快速涨停。涨停后，量能仅仅温和放大，属于典型中线主力控盘特征。今日是股价加速上涨信号，临盘应及时介入。由于股价面临 19.9 元前高，次日还有震仓调整过程，因此，在回调时可积极加仓。

（二）日 K 线操盘策略：该股已经运行在中期大上升通道中。股价突破 60 天均线后，量能并未异常放大，说明有中长线主力在其中操盘。今日涨停是股价加速攻击特征。说明主力操盘计划较为迫切。均线系统大角度向上攻击，形态健康。如次日展开震仓，短中线均可入场布局。根据中线主力操盘原则，该股波段目标升幅为今日涨停价往上 45% 左右，即 27 元区间。如果遇到大盘环境进入健康状态，人气高涨，也可能超过这个价格。

【道破涨停天机】实战图谱 003

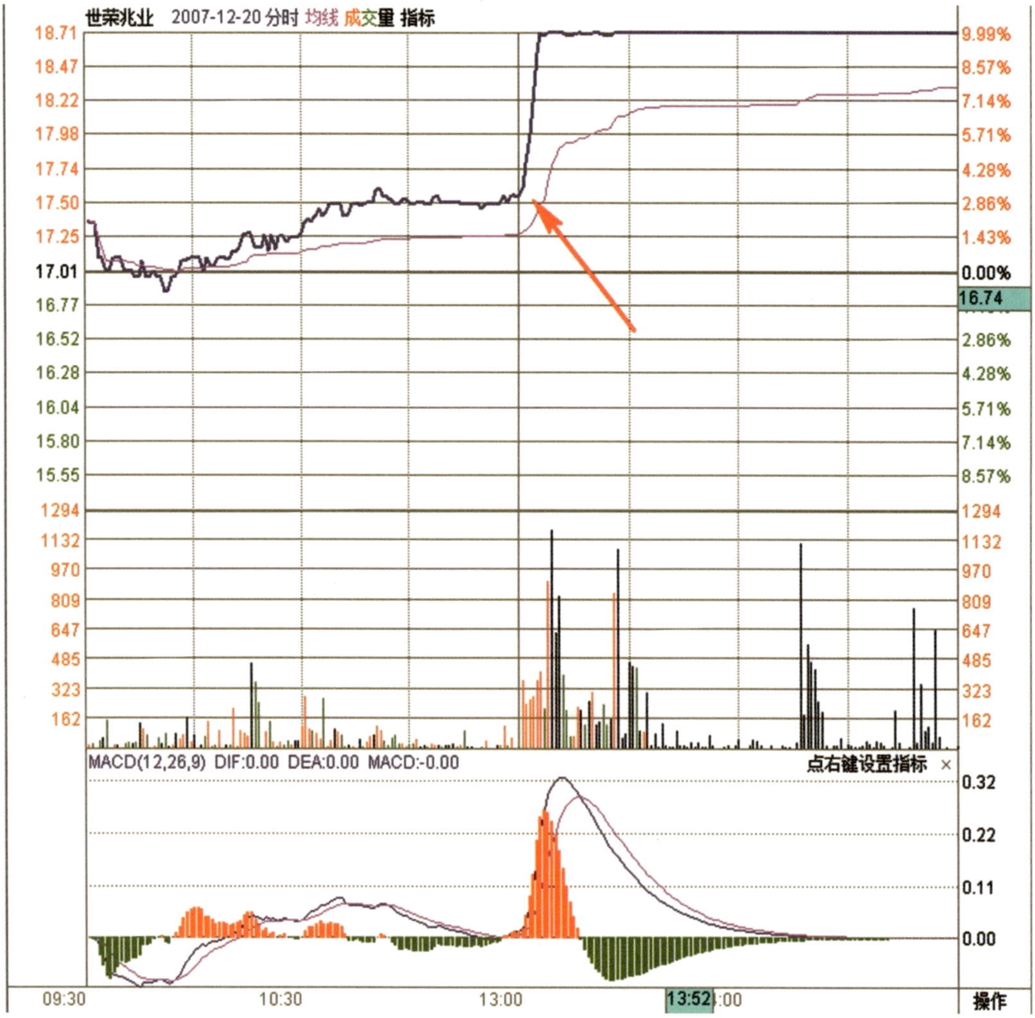

图例 003　世荣兆业（002016）第四时间段盘口即时走势图谱

大斜直角攻击、二波涨停临盘技术判断与操盘决策：

该股早盘高开低走，第二时间段放量突破均价线展开震荡盘升。第三时间段的 11：30 分，主力分别在 17.6 元成交 106 手和 178 手两笔大单。由于该股上午走势呈脉冲波形，成交总笔数仅为 288 笔，100 手每笔的大单十分稀少，因此，上午收盘前成交的这两笔大单可能为主力的信号单。第四时间段一开盘，主力迅速放量攻击，成交大单均达到 100 手以上，股价在 5 分钟内以大斜角拉升方式直接攻击涨停。第四时间段的攻击放量，明显可见主力对敲拉升的痕迹。股价封停时，主力在涨停板位置居然反复开板。由于该股股价处在底部阶段，盘中开板是典型的诱空操盘手法。今日涨停是股价突破性向上拉升信号，临盘应积极介入。

量比达到 6 倍以上，量价结构健康。由于股价涨停波形十分急促，次日早盘必然展开盘中震仓动作，因此，仍可择低加仓。

【道破涨停天机】实战图谱 004

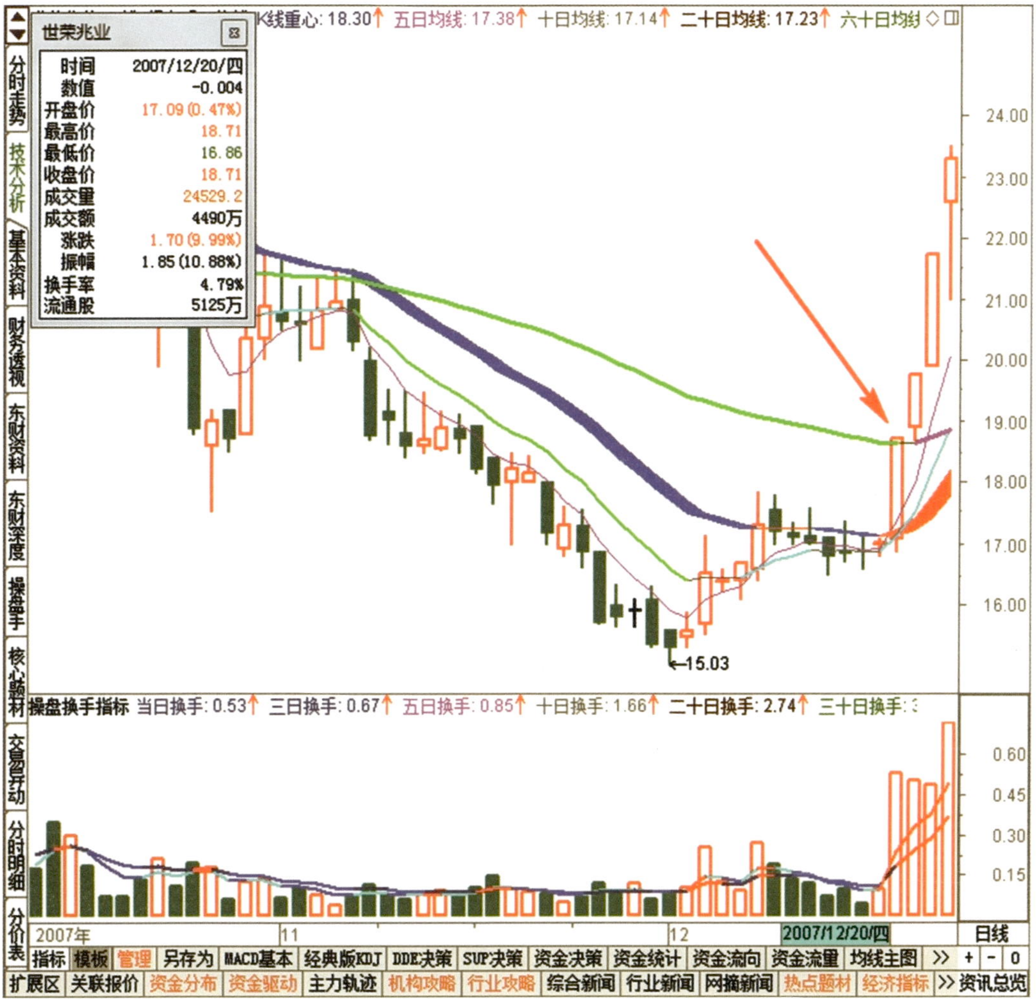

图例 004 世荣兆业（002016）日 K 线走势图谱

（一）当日日K线操盘技术分析：该股昨日窄幅整理，量能温和放大。股价今日放量涨停，是主力有预谋的操盘行为。日K线形态已经有效突破20天均线，量价结构十分健康。

股价上涨前有过很好的蓄势动作。这是最经典的底部启动上涨形态。从盘中K线结构看，不断有带长上影的K线组合，属于典型中长线主力控盘特征。今日是股价中期拉升行情启动信号，临盘应及时介入。由于股价面临60天均线阻力，及突破20天均线后技术回抽要求，因此，可在回调时坚决加仓。

（二）日K线操盘策略：该股已经突破性上涨。股价在60天均线面临阶段性阻力。因此，次日还有急速放量的过程，主力可能展开震仓动作。在股价回调30天均线上方均可大胆进行短线和中线仓位的布局。根据中长线主力操盘原则，该股第一波段目标升幅为今日涨停价往上30%左右，即24元区间。

【道破涨停天机】实战图谱 005

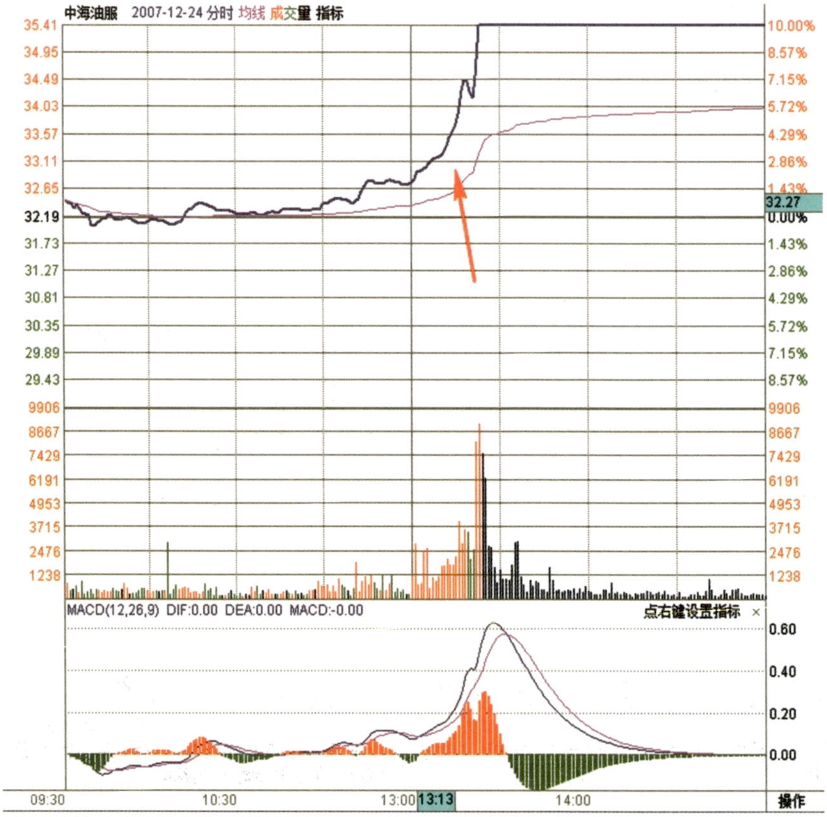

图例005　中海油服（601808）　第四时间段盘口即时走势图谱

长波拉升、二波涨停临盘技术判断与操盘决策：

该股早盘高开低走，第二时间段放量突破均价线展开震荡盘升。第三时间段，主力放量拉升创出今日新高。第四时间段开盘后，主力延续第三时间段的升势，以二波拉升方式操盘，巨量攻击。第一波攻击波形较长，达 6%。第一波攻击完毕，股价快速回调震仓后，第二波攻击波形较短，而且急促。股价封停时，主力在涨停板位置顶住一切抛盘，坚决封停，气盖云天。量比达到 2 倍以上，主力投入封单量达到 970 万股。该股仅为 3.5 亿流通盘。底部启动时，封停单量过于巨大，主力有盘中做秀的嫌疑。如果是超级主力操盘，不应该过分在底部炫耀自己的实力。另一种可能是，主力今日操盘仅仅是做出一个向上拉升的姿态。也许是为了给领导表演。但无论如何，今日涨停已经暴露主力底部建仓的操盘计划。中期大底正在形成。由于上述因素的分析，次日早盘必然展开盘中震仓动作，因此，仍可中线择低建仓。

【道破涨停天机】实战图谱 006

图例 006　中海油服（601808）日 K 线走势图谱

（一）当日日 K 线操盘技术分析：该股底部经历四连阳之后，今日涨停突破 20 天均线。

量能仅仅温和放大，底部筹码较为稳定。如果主力在底部收集筹码，这种量能结构不支持股价作进一步拉升。但今日突破 20 天均线的技术形态，表明该股的中期大底已经形成。从今日主力盘中的封单巨量分析，该股还有反复震荡洗盘动作。因此，股价回调 20 天均线的附近时，将是中线最佳的建仓机会。

（二）日 K 线操盘策略：该股已经突破性上涨。股价还有回调 20 天均线的技术要求。如果未来数日，股价急速放量，则表明主力将加大底部建仓力度。在股价回调 20 天均线上方附近均可大胆进行中线仓位的布局。如果大盘环境变坏，则需要及时止损。

第二节　三波涨停

第四时间段：午盘 13：00 – 14：00 分。

第四时间段时间总长度：60 分钟。

狙击时间：

第一关键点：午盘 13：00 – 13：30 分。

第二关键点：午盘 13：30 – 14：00 分。

狙击涨停秘诀：

第一条：股价高开 3% 以上。放量，量比 2 ~ 5 倍。早盘拉升后回调至均价线反复震荡，第四时间段三波拉升直接攻击涨停。均价线角度向上，姿态稳定，并出现尖角冲击波形，可以现价大仓位买进。

第二条：股价高开 1% 以上。放量，量比 2 倍以上。早盘回调跌破昨收盘价后反复震仓，午盘三波拉升带巨量直接攻击涨停。均价线角度向上，姿态稳定，并出现尖角冲击波形，可以现价大仓位买进。

第三条：股价平开，回调跌破昨收盘价后反复震仓。第四时间段实施三波拉升带巨量直接攻击涨停。放量，量比 1 倍以上。并出现尖角冲击波形，当股价第三波直接攻击涨停时，可以现价加码买进。

第四条：股价低开 1% ~ 3% 以内。量比 1 倍以上，早中盘拉升突破昨收盘价后，回调不破开盘价，围绕均价反复震仓。第四时间段三波拉升带巨量直接攻击涨停。均价线角度向上，姿态稳定，并出现尖角冲击波形。当股价第三波直接攻击涨停，最后一笔大卖单被即将吃掉时，可以现价加码买进。

【道破涨停天机】实战图谱 007

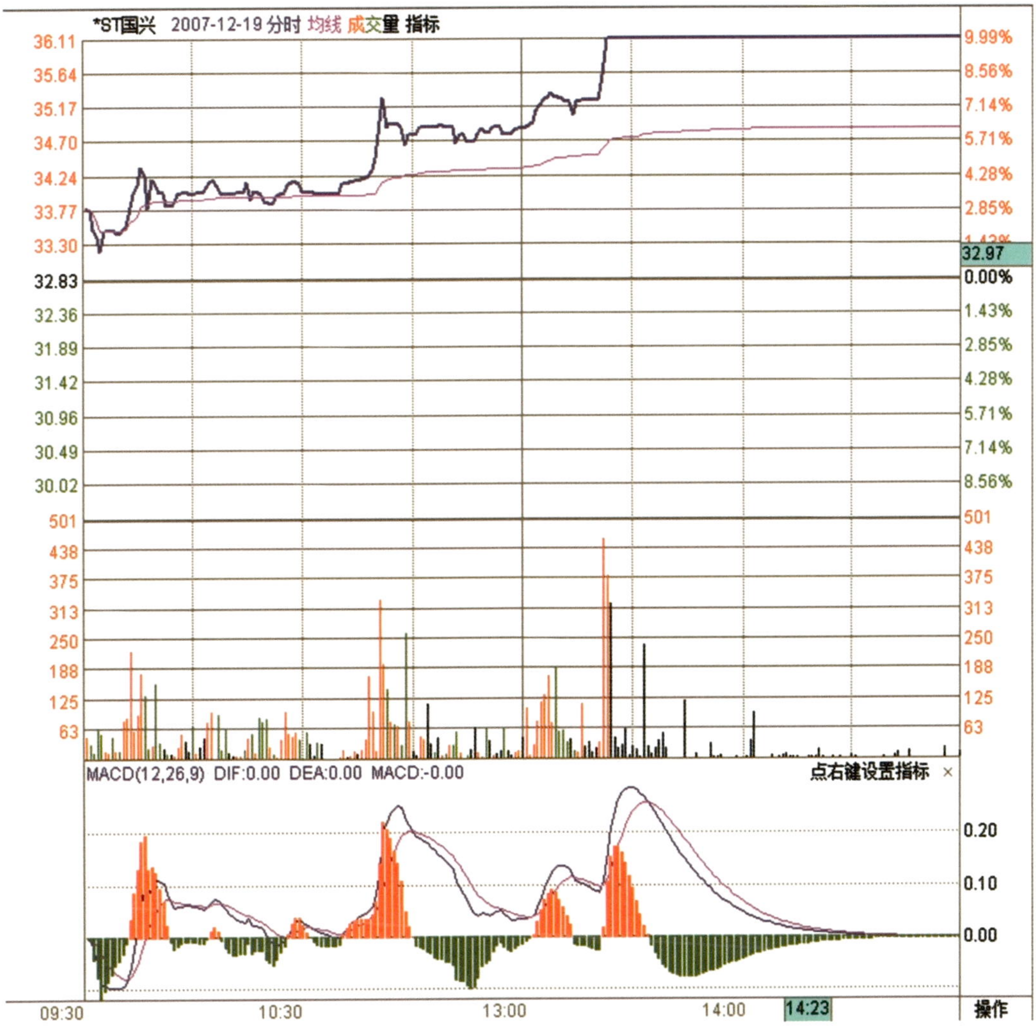

图例 007 国兴地产（000838）第四时间段盘口即时走势图谱

震荡盘升、三波涨停临盘技术判断与操盘决策：

该股早盘高开低走，回调不破昨收盘价。主力分别在第一时间段、第二时间段和第四时间段呈三个波形的放量梯次攻击。从操盘手法看，该股有大主力在其中主持大局。股价拉升和震仓动作均显得非常熟练和稳重，量价节奏控制较好。该股流通盘仅为 2281 万股，属于经典的袖珍型小盘股。量比 1 倍以上，封停单量为 4955 手，符合小盘股的操盘要求，量价结构健康。由于该股股价处在底部阶段，今日涨停是股价突破性向上拉升信号，临盘应积极介入。从涨停时的操盘手法分析，次日早盘必然展开盘中震仓动作，因此，仍可择低加仓。

【道破涨停天机】实战图谱 008

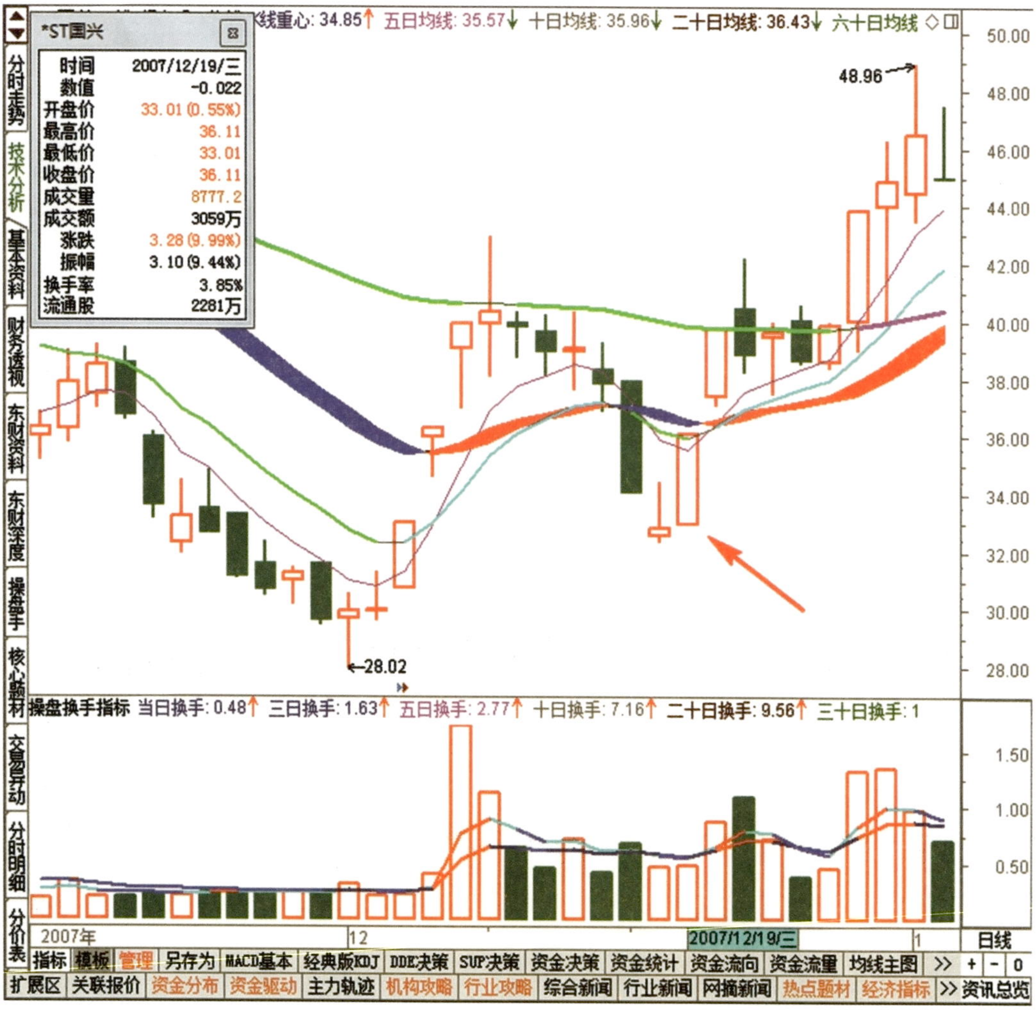

图例 008　国兴地产（000838）2007 年 12 月 19 日日 K 线走势图谱

（一）当日日 K 线操盘技术分析：该股昨日跳空低开后进行窄幅整理，收阳十字星为典型止跌形态。今日盘中涨停，一方面说明主力阶段性洗盘已经结束，另一方面说明第二波拉升即将展开。20 天均线已经走平，中期市场压力基本消化。该股第一波拉升是以三个涨停板方式完成。本次拉升是否延续前面的强势？从盘中 K 线结构看，该股有中长线主力在盘中控盘。今日是股价第二轮拉升行情启动信号，临盘应及时介入。由于股价在前期小平台 40 元区间还存在一定阻力，因此，可在回调时坚决加仓。

（二）日 K 线操盘策略：股价再次涨停，即将突破 20 天均线。今日涨停动作说明主力第一阶段洗盘已经结束。从盘中看，有中长线主力进行滚动操盘特征。该股流通盘较小，临盘仅作短线小资金操盘品种。前一阶段已经有过 30% 的升幅，本轮启动行情升幅仍以今日涨停价往上 30% 左右，即 47 元区间。

【道破涨停天机】实战图谱 009

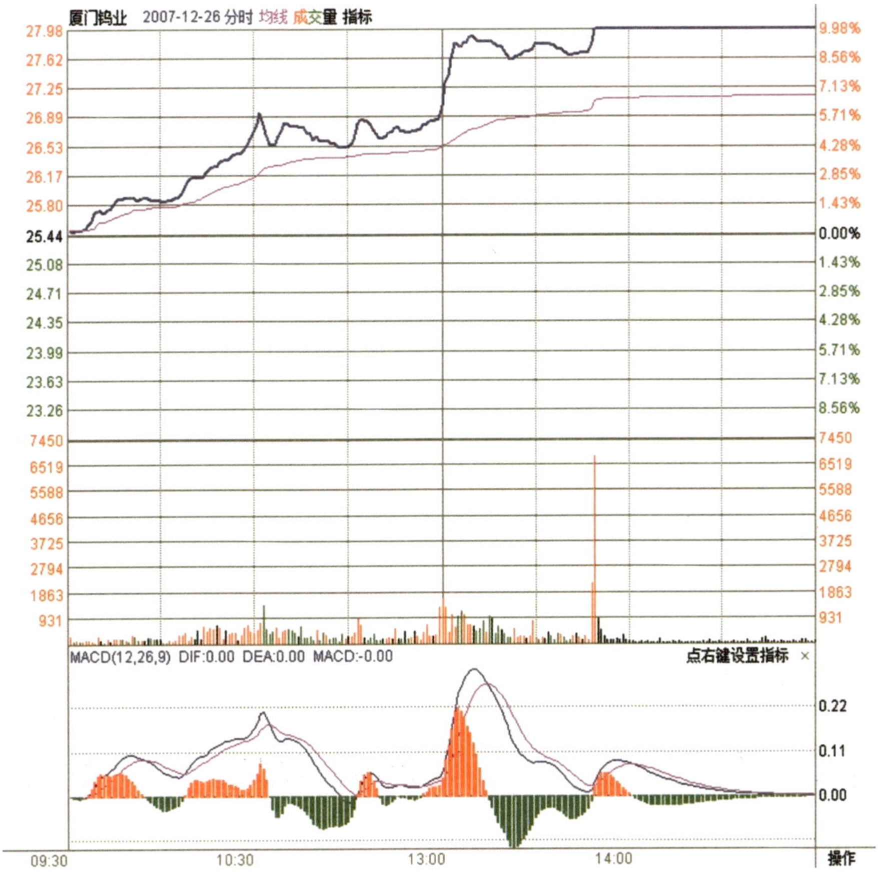

图例 009 厦门钨业（600549）全天盘口即时走势图谱

震荡盘升、三波涨停临盘技术判断与操盘决策：

该股早盘高开高走，回调不破开盘价。主力在第一时间和第二时间段以长波拉升波形温和放量攻击。第三时间段收盘时放量冲击新高。第四时段开盘后，主力延续上午攻势，再度放攻击。最终完成三波涨停。股价在第四时间段涨停前，主力在涨停价附近反复震仓，量价节奏控制较好。量比 2 倍以上，但封停单量仅为 8618 手，攻击力度略显单薄。由于该股股价处在底部阶段，今日涨停是股价突破性向上拉升信号，临盘应积极介入。从涨停时的封停单量分析，次日早盘必然展开盘中震仓动作，因此，仍可择低加仓。

【道破涨停天机】实战图谱 010

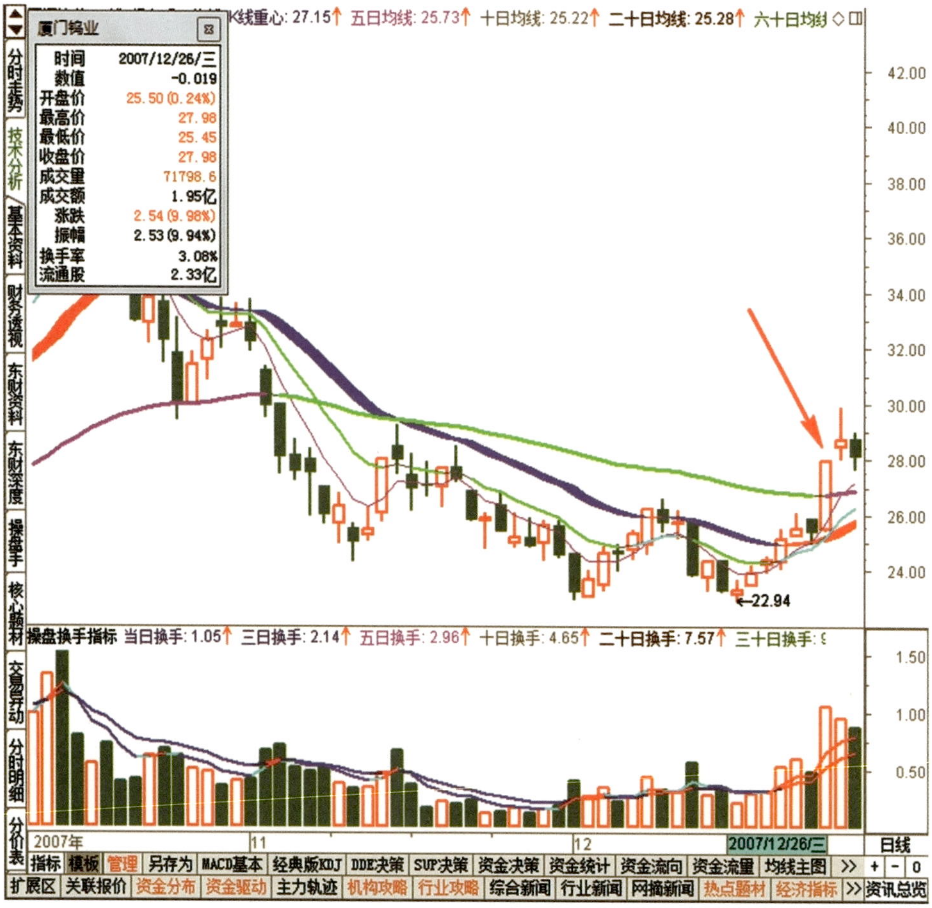

图例 010 厦门钨业（600549）日 K 线走势图谱

（一）当日日 K 线操盘技术分析：该股在前两天已经突破 20 天均线。昨日股价以小阴 K 线完成对 30 天均线系统的技术性回抽。今日盘中涨停，说明主力已经展开中级行情的拉升。从当前技术形态看，市场做空压力已经基本消化。从盘中 K 线结构看，该股有中线主力在盘中滚动性操盘。今日是主力启动波段性行情滚动操盘特征，临盘应及时介入。由于股价面临 60 天均线阻力，因此，可在回调时坚决加仓。

（二）日 K 线操盘策略：股价出现底部以来的第一次涨停，并挑战 60 天均线。今日涨停动作说明主力已经启动波段性中级行情。从盘中看，有中长线主力进行滚动操盘特征。根据中线主力操盘原则，本轮启动行情第一波升幅以今日涨停价往上 30% 左右，即 36 元区间。

第三节　多波涨停

第四时间段：午盘 13：00－14：00 分。

第四时间段时间总长度：60 分钟。

狙击时间：

第一关键点：午盘 13：00－13：30 分。

第二关键点：午盘 13：30－14：00 分。

狙击涨停秘诀：

第一条：股价高开 3% 以上。放量，量比 2～5 倍。回调不破昨收盘价。早盘拉升至开盘价以上，回调不破均价线。然后反复震荡多波盘升，第四时间段果断攻击涨停。均价线角度向上，姿态稳定，并出现尖角冲击波形，可以现价大仓位买进。

第二条：股价高开 1% 以上。放量，量比 1 倍以上。股价回调跌破昨收盘价后快速震仓，然后反复震荡多波盘升，第四时间段果断放量攻击涨停。均价线角度向上，姿态稳定，并出现尖角冲击波形，可以现价大仓位买进。

第三条：股价平开。回调跌破昨收盘价后快速震仓，然后反复震荡多波盘升，第四时间段果断放量攻击涨停。量比 1 倍以上，并出现尖角冲击波形，可以现价加码买进。

第四条：股价低开 1%～3% 以内。放量，量比 1 倍以上。早中盘快速拉升突破昨收盘价后，回调不破开盘价。股价反复震荡多波盘升，第四时间段果断放量攻击涨停。均价线角度向上，姿态稳定，并出现尖角冲击波形。当股价最后一波涨停，最后一笔大卖单被即将吃掉时，可以现价加码买进。

【道破涨停天机】实战图谱 011

图例 011　华星化工（002018）第四时间段盘口即时走势图谱

震荡盘升、多波涨停临盘技术判断与操盘决策：

该股早盘高开低走，回调不破开盘价。主力在第一时间和第二时间段以长波拉升波形温和放量攻击。股价推高至涨停板附近后，主力反复展开震荡震仓。均价线始终向上，支持股价继续攻击。第四时间段开盘后，主力果断涨停。量比 3 倍以上，封停单量为 8028 手，量价节奏控制较好。该股股价处于拉升中期阶段，今日涨停是股价加速上涨信号，临盘应积极介入。从涨停时的封停单量分析，次日盘中还有震仓动作，因此，仍可择低加仓。

【道破涨停天机】实战图谱 012

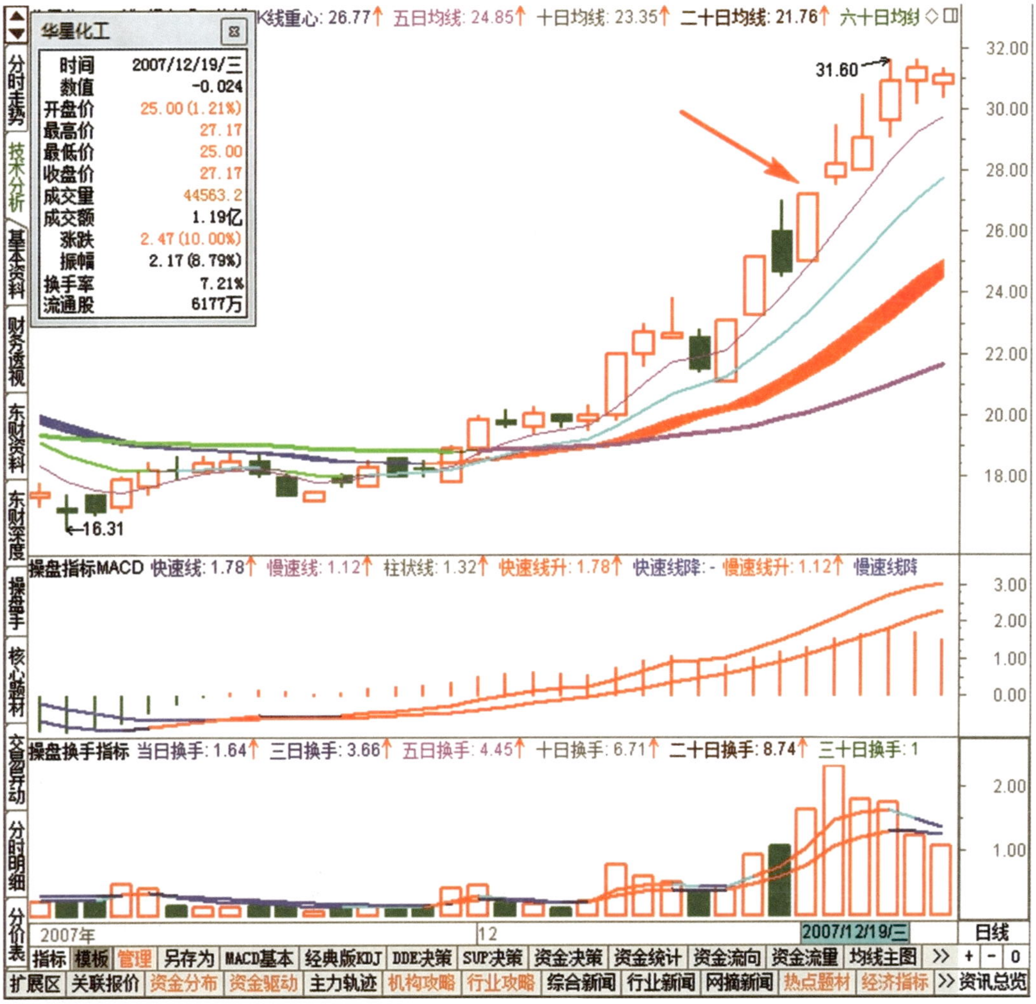

图例 012 华星化工（002018）日 K 线走势图谱

（一）当日日 K 线操盘技术分析：该股昨天在突破前顶阻力区后盘中放量展开震仓。今日高开高走放量涨停。这种操盘手法表明主力已经处于大级别的加速上涨行情状态。从当前技术形态看，主力操盘计划比较紧凑急迫。加速上涨的主要目的一方面是针对大盘行情环境变暖快速实现原操盘计划。另一方面是主力赶在春节前到达目标价格后形成阶段性高位平台，借节前行情实施阶段性套利。既然如此，应在股价过顶涨停时坚决加仓。

（二）日K线操盘策略：股价运行在中级大波段行情的通道中。组合K线形态形成大“V”形反转趋势。今日涨停动作说明主力已经展开加速拉升行情，操盘计划在预期时间段紧张实施中。按大主力常规操盘计划推断，股价过前顶阻力区后，目标升幅往上至少50%，即39元区间。

【道破涨停天机】实战图谱013

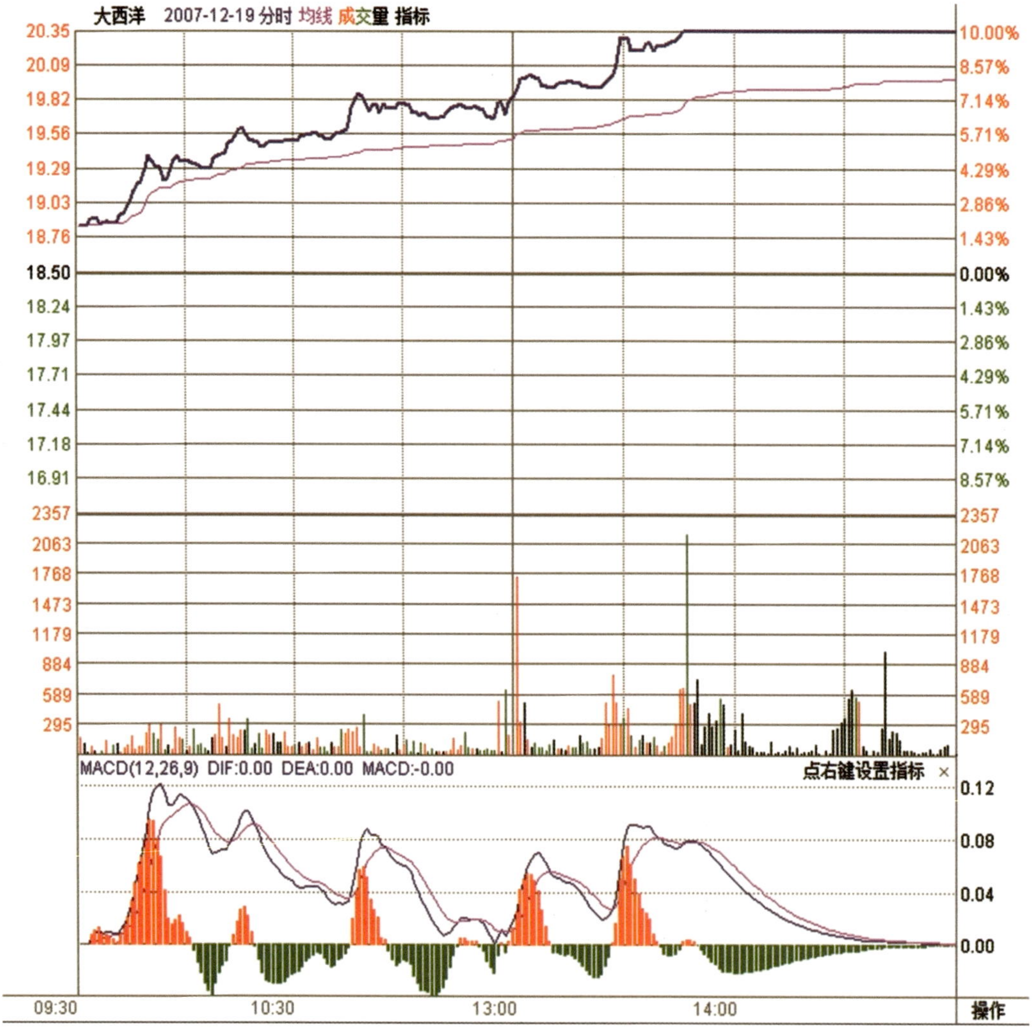

图例013 大西洋（600558）第四时间段盘口即时走势图谱

震荡盘升、多波涨停临盘技术判断与操盘决策：

该股早盘高开高走，回调不破开盘价。主力从第一时间段起逐步以长波推升波形温和放量攻击。均价线始终坚定不移向上，支持股价稳步盘升。第四时段开盘后，主力再度放攻击。最终完成多波涨停。盘中仔细观察，股价在第四时间段涨停前，主力在涨停价附近反复震仓，量价节奏控制较好。量比 4 倍以上，但封停单量仅为 227 手，攻击力度十分单薄。如果第五时间段，主力未能将封停单量增至 10000 手以上，则股价后市走势反复性较大。由于该股股价处在底部阶段，今日涨停是股价突破性向上拉升信号，临盘应积极介入。从涨停时的封停单量分析，次日早盘必然展开盘中震仓动作，因此，仍可择低加仓。

【道破涨停天机】实战图谱 014

图例 014　大西洋（600558）日 K 线走势图谱

（一）当日日 K 线操盘技术分析：该股今日高开高走放量涨停突破 20 天均线。股价在前期跌穿 60 天均线后一直处于缩量盘底状态。量比达到 4 倍以上，今日属于有效性突破行情。股价突破后，同时面临 60 天均线的阻力。从图形结构上分析，主力将在次日完成对 20 天均线系统的技术性回抽。今日盘中涨停，说明主力已经展开中级行情的拉升。从盘中 K 线结构看，该股有中线主力在盘中滚动性操盘。今日是主力启动波段性行情滚动操盘特征，临盘应及时介入。由于股价面临 60 天均线阻力，因此，可在回调时坚决加仓。

（二）日 K 线操盘策略：股价出现底部以来的第一次涨停，并挑战 60 天均线。今日涨停动作说明主力已经启动波段性中级行情。从盘中看，有中长线主力进行滚动操盘特征。根据中线主力操盘原则，本轮启动行情第一波升幅以今日涨停价往上 30% 左右，即 26 元区间。

【道破涨停天机】实战图谱 015

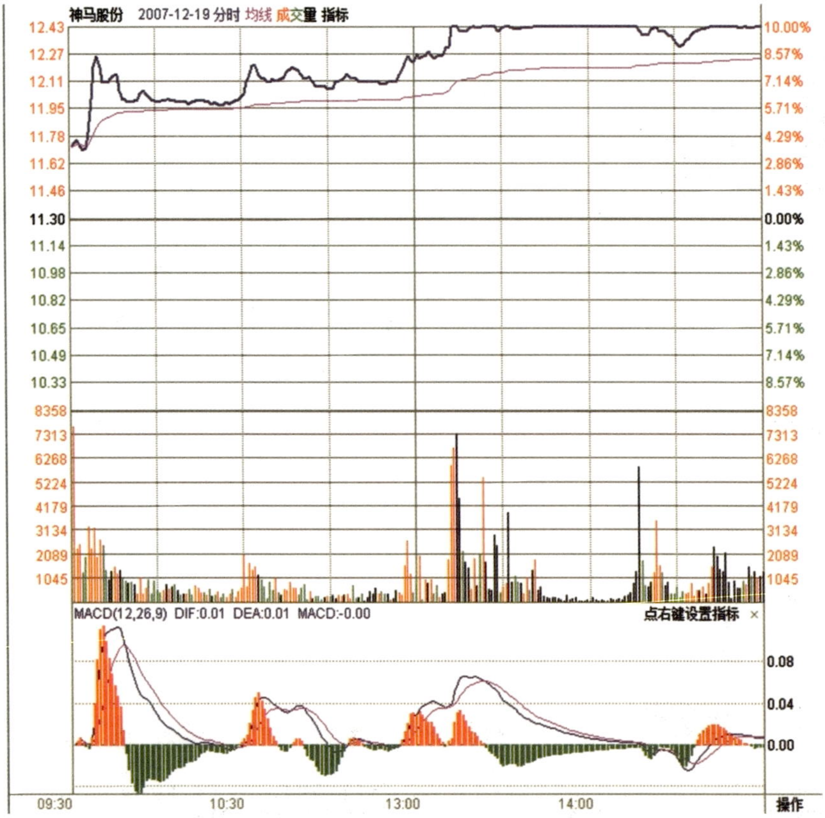

图例 015 神马实业（600810）第四时间段盘口即时走势图谱

高开冲击、多波涨停临盘技术判断与操盘决策：

该股早盘高开高走，回调不破开盘价。主力在第一时间以长波冲击波形放巨量攻击。股价冲高后，主力将股价打压于均价线之上展开震仓动作。股价在均价线之上震仓时，量能萎缩较好。第四时间段，主力果断涨停。涨停后，主力在涨停价反复开板震仓，量能急速放大。

股价于底部、大平台整理阶段启动的初期或中期，盘中开板均是典型的诱空性操盘动作。量比 5 倍以上，封停单量为 10720 手，攻击力度较强，量价结构健康。由于该股股价处在大三角平台阶段，今日涨停是股价突破性向上拉升信号，临盘应积极介入。从涨停前的操盘手法和涨停后的封停单量行为分析，次日必然展开震仓动作，因此，仍可在盘中择低大胆加仓。

【道破涨停天机】实战图谱 016

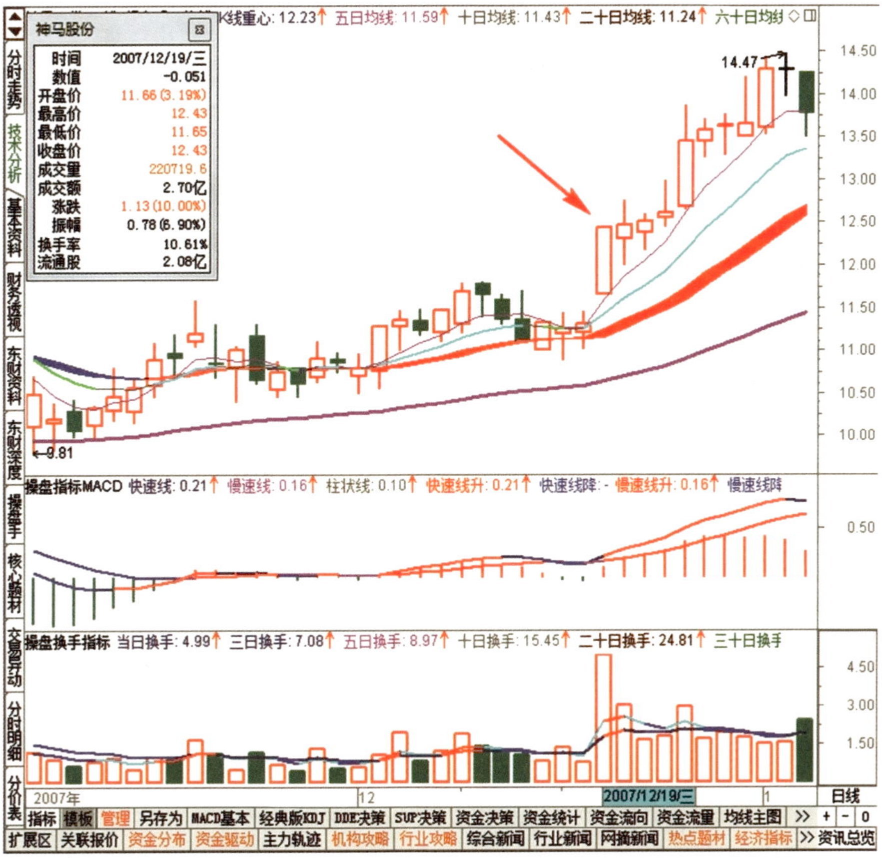

图例 016　神马实业（600810）日 K 线走势图谱

（一）当日日 K 线操盘技术分析：该股在 26～29 元之间已经完成长达 12 个交易日的洗盘调整动作。昨日小阴 K 线下试 12 元下档的平台支持效果，获得技术支撑。今日盘中涨停，说明主力有意结束洗盘动作。从洗盘的时间周期看，近两日正符合江恩时间之窗。今日涨停是股价最重要的变盘信号，主力拉升在即。该股有中线主力中场内操盘，第二波加速行情即将展开，临盘应及时介入。股价次日突破洗盘平台的上轨后，还将有回抽确认动作，因此，可在回调时坚决加仓。

（二）日 K 线操盘策略：股价即将结束阶段性洗盘行情。图例 018 中 K 线组合形态显示，股价仍呈空中加油式行情特征。从盘中看，有中线主力进行滚动操盘控制股价。根据中线主力操盘原则，本轮启动行情第二波升幅以今日涨停价往上 30% 左右，即 38 元区间。

【道破涨停天机】实战图谱 019

图例 019 八一钢铁（600581）全天盘口即时走势图谱

低开高走，多波涨停临盘技术判断与操盘决策：

该股早盘低开高走，回调不破开盘价和均价线。主力在第一时间和第三时间段展开震荡盘升波形温和放量攻击。第四时段开盘后，主力延续上午攻势，巨量攻击，多波涨停。股价在第四时间段涨停前，主力实施小台阶震仓，量价节奏控制较好。量比 5 倍以上，封停单量达到 57098 手，攻击力度较强。股价涨停时，量能急速放大，可见主力做盘决心巨大。该股股价处在大平台整理阶段，今日涨停是股价突破性向上拉升信号，临盘应积极介入。如次日盘中高开回调震仓，则是最佳加仓机会。

【道破涨停天机】实战图谱 020

图例 020　八一钢铁（600581）日 K 线走势图谱

（一）当日日 K 线操盘技术分析：该股已经于 60 天均线之上形成一个长达四个月的大平台。连续三天小阳 K 线盘升，量能温和放大，已经证明攻击势形成。今日盘中涨停，说明主力已经展开中级行情的拉升。从当前技术形态看，市场做空压力已经基本消化。该股在前期上涨阶段素来操盘较为凶悍，以闪电战法著称，今日涨停再次具备此特征。从盘中 K 线结构看，该股仍是原主力在盘中滚动性操盘。主力已经启动波段性行情，临盘应及时介入。

（二）日 K 线操盘策略：股价出现平台整理以来的第一次涨停，并放量突破压力线。今日涨停动作说明主力已经启动波段性中级行情。从盘中看，仍是原主力进行滚动操盘特征。

估计主力仍将采取以快打慢的闪电战法。根据中线主力操盘原则，本轮启动行情第一波升幅以突破压力线 18 元往上 30% 左右，即 24 元区间。

【道破涨停天机】实战图谱 021

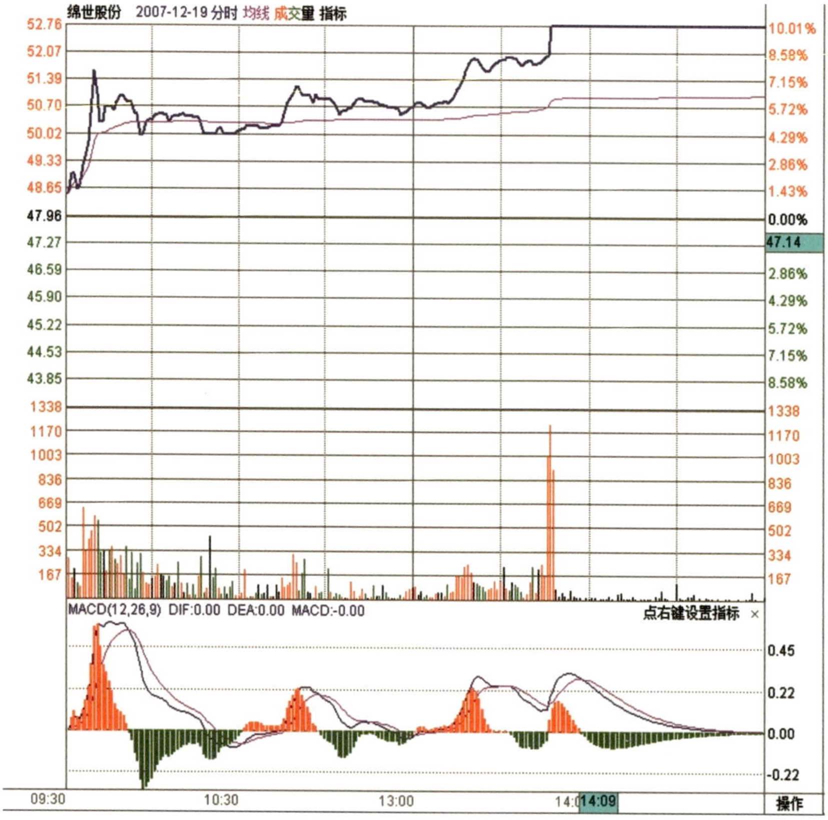

图例 021 绵世股份（000609）全天盘口即时走势图谱

高开高走，多波涨停临盘技术判断与操盘决策：

该股早盘高开高走，回调不破开盘价。主力在第一时间以长波拉升波形放量攻击。股价推高 7% 之后，已经打开上涨空间，主力反手打压，实施当天第二阶段的震仓动作。主力震仓时，量能萎缩较好，均价线对股价形成较强支持。第四时段开盘后，主力延续上午攻势，再度放攻击。盘中多波涨停。第四时间段涨停前，主力在涨停价附近反复震仓，量价节奏控制较好。量比 1 倍以上，但封停单量仅为 5846 手。该股流通盘为 6858 万股。今日封停量说明主力已经完成控盘状态。由于股价已突破重要阻力位，今日涨停是股价第二阶段向上拉升信号，临盘应积极介入。

【道破涨停天机】实战图谱 022

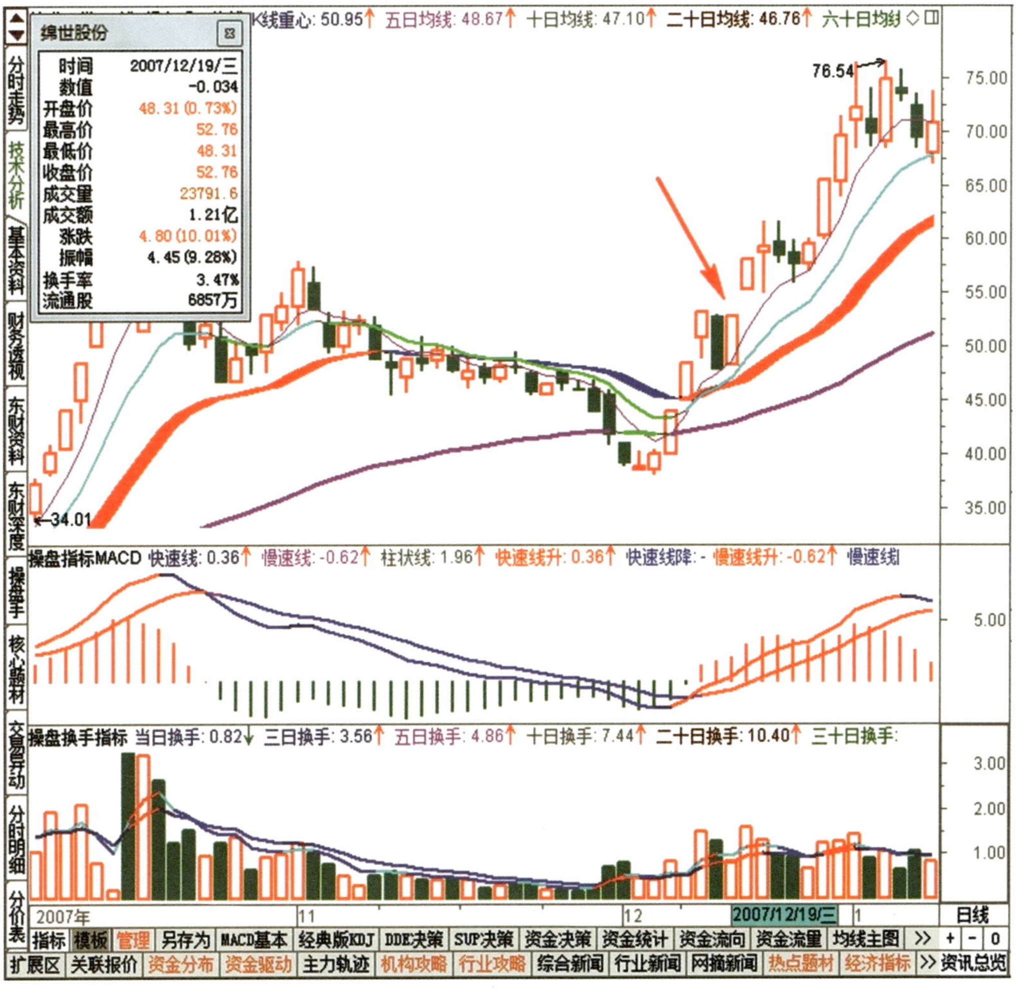

图例 022 绵世股份（000609）日 K 线走势图谱

（一）当日日 K 线操盘技术分析：该股昨日以放量跌停方式完成对 20 天均线的技术性回抽。今日盘中涨停，说明主力已经快速完成洗盘，并展开第二波中级行情的拉升。从盘中看，该股主力正在展开最凶悍的闪电战法操盘方式。以快打慢是闪电战法的一贯套路，股价将持续轧空式上涨。对该股 7 月份的操盘行为分析，发现当前仍为原主力在主持大局。今日是主力已经启动第二波段行情，临盘应及时介入。

（二）日 K 线操盘策略：股价成功完成对 20 天均线技术性回抽及洗盘。昨日放量跌停已经对盘中浮筹进行了最到位的清洗。今日涨停动作说明主力已经启动第二波段性轧空式上涨行情。从主力操盘手法判断，应仍为原主力进行滚动操盘特征。根据中线主力操盘原则，本轮启动行情第一波升幅以今日涨停价往上 40% 左右，即 73 元区间。

第四节　操盘战例

朝辉（私募）投资管理机构白金会员基本档案：

●会员编号：WCH（粤）07101。

●会员名称：汪先生（全名略）。

●入会初始资金：169 万元。

●入会时间：2007 年 5 月 20 日。

●所在地区：广州天河区。

●开户证券：国信证券。

●开户银行：工商银行广州支行。

●截至 2007 年 12 月 1 日，WCH（粤）07101 号会员账户总资产为 897 万元，直接盈利 728 万元，总收益率为 430%！本章摘录该会员在 2007 年 12 月 19 日起参与的经典战例。

朝辉（私募）投资管理机构白金会员操盘简报：

一、会员编号：WCH（粤）07101 号会员

二、投入资金：897 万元

三、操盘时间：2007 年 12 月 19 日

四、时间长度：25 个交易日

五、操盘项目：600558 大西洋

六、预期收益：30%

七、实际收益：40%

朝辉（私募）投资管理机构白金会员操盘战例：

一、项目简况：

2007 年 12 月 19 日，该股高开高走，盘中放量于第四时间段涨停。由于该股曾在 12 月 10 日放量上涨，当天涨幅达到 4%，受阻于 30 天均线而回落。故今日放量突破 30 天均线是该股已经启动中线行情信号。该股自 10 月份创出历史新高回落以来，整体走势强于大盘。在股价为期 2 个月的调整过程中，量能均衡性萎缩，盘中明显有中长线主力在进行操盘，有计划地调节量价节奏。因此，该股今日的启动已经具备中线波段行情的操盘价值。

二、大盘环境：

大盘于昨日下试 4800 点，并未跌穿此一重要支撑位。今天大盘跳空高开震荡盘升，说明大盘已经完成二次筑底的技术性动作。5000 点之下由主力资金发动的战略性诱空行情已经结束，大盘将开始中期大反转的走势。因此，目前大盘的建仓安全度为最优，短中线持股安全系数均较高。

三、操盘策略：

根据资金运用原则，及该股所处的技术位置，仓位布局分为两批介入：第一批仓位占总资金量的 60%，布局于今日涨停板和均价线区间，如股价盘中击穿均价线，则继续加仓 10%。第二批仓位占总资金量的 40%，布局于股价突破 60 天均线进行技术性回调时于 5 天均线处加仓。

【道破涨停天机】实战图谱 023

震荡盘升、多波涨停临盘技术判断与操盘决策：

该股早盘高开高走，回调不破开盘价。主力从第一时间段起逐步以长波推升波形温和放量攻击。均价线始终坚定不移向上，支持股价稳步盘升。第四时段开盘后，主力再度放攻击。最终完成多波涨停。盘中仔细观察，股价在第四时间段涨停前，主力在涨停价附近反复震仓，量价节奏控制较好。量比 4 倍以上，但封停单量仅为 227 手，攻击力度十分单薄。如果第五时间段，主力未能将封停单量增至 10000 手以上，则股价后市走势反复性较大。由于该股股价处在底部阶段，今日涨

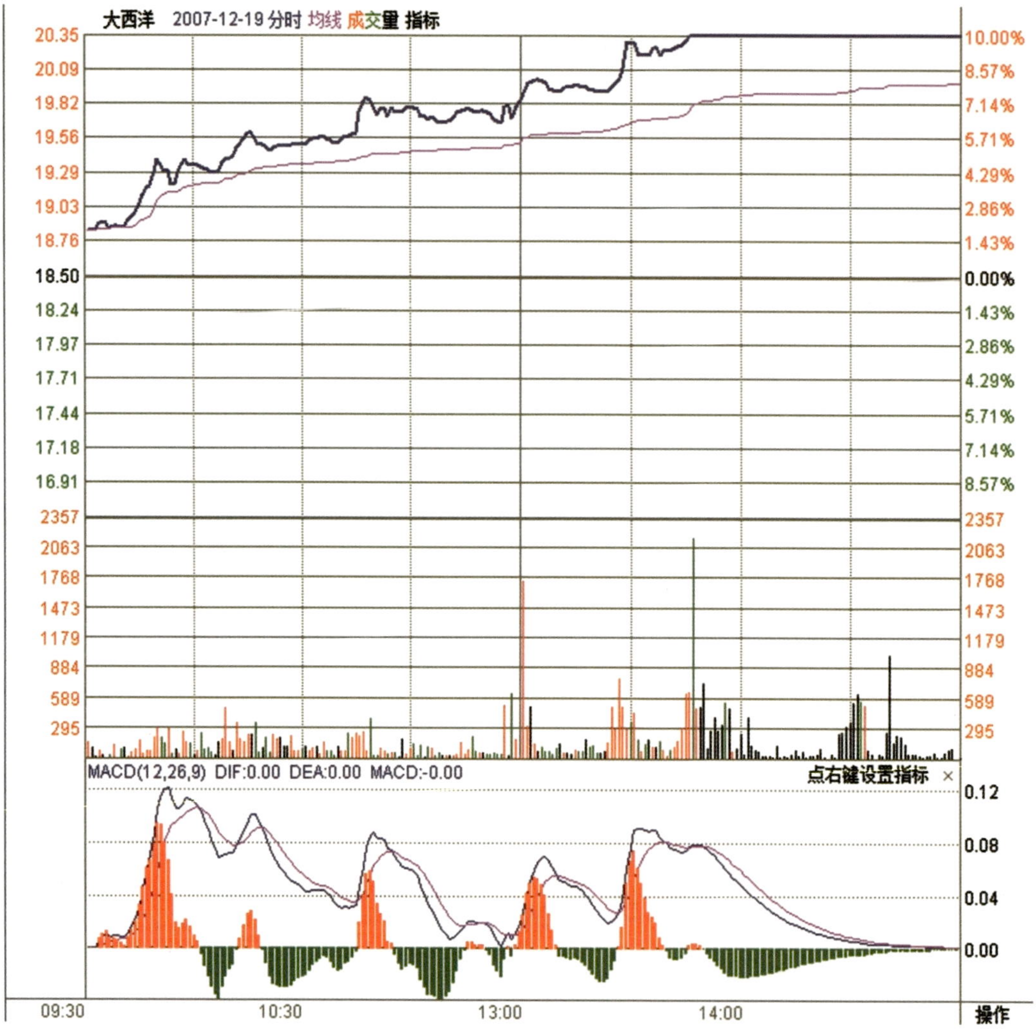

图例 023 大西洋（600558）第四时间段盘口即时走势图谱

停是股价突破性向上拉升信号，临盘应积极介入。从涨停时的封停单量分析，次日早盘必然展开盘中震仓动作，因此，仍可择低加仓。

【道破涨停天机】实战图谱 024

（一）当日日 K 线操盘技术分析：该股今日高开高走放量涨停突破 20 天均线。股价在前期跌穿 60 天均线后一直处于缩量盘底状态。量比达到 4 倍以上，今日属于有效性突破行情。股价突破后，同时面临 60 天均线的阻力。从图形结构上分析，主力将在次日完成对 20 天均线系统的技术性回抽。今日盘中涨停，说明主力已经

图例 024　大西洋（600558）日 K 线走势图谱

展开中级行情的拉升。从盘中 K 线结构看，该股有中线主力在盘中滚动性操盘。今日是主力启动波段性行情滚动操盘特征，按照操盘计划，第一仓位进场均价 20 元一线。由于股价面临 60 天均线第一阻力区，因此，可在回调时坚决加仓。

（二）日 K 线操盘策略：股价出现底部以来的第一次涨停，并挑战 60 天均线。今日涨停动作说明主力已经启动波段性中级行情。从盘中看，有中长线主力进行滚动操盘特征。根据中线主力操盘原则，本轮启动行情第一波升幅以今日涨停价往上 30% 左右，即 26 元区间。

【道破涨停天机】实战图谱 025

图例 025 大西洋（600558）第三时间段盘口即时走势图谱

震荡盘升、拔高收集临盘技术判断与操盘决策：

该股早盘低开高走，回调不破开盘价和均价线。主力在第二时间段以长波推升波形放巨量攻击。第三时间段，主力再次攻击时没有放量，有攻击乏力的迹象。从盘中斜线位置来看，如股价跌穿此位置，则主力必将展开回头波洗盘。量比 3 倍以上，外盘 13442 手，明显大于内盘。说明主力还在盘中收集筹码，同时，盘中攻击波形多次出现冲击型攻击波，证明了这一分析。昨日该股仅作了一个小幅调整的姿态，并未回调 30 天均线。这种现象一方面说明主力操盘计划较为紧迫，另一方面为接下来的行情留下了技术隐患。由于今天已经突破了 60 天均线，根据操盘计划，如股价盘中回调，则坚决加仓。

【道破涨停天机】实战图谱 026

图例 026　大西洋（600558）全天盘口即时走势图谱

（一）当日日 K 线操盘技术分析：该股果然在第三时间段击穿斜线位置。主力反手打压，利用回头波形展开洗盘。股价突破 60 天均线后，技术上有修正操盘节奏的要求。由于股价波形出现主力拔高收集的状态，因此，股价回调就是最佳的加仓良机。当天量比 2 倍以上，外盘 20460 手，明显大于内盘。主力在回头打压的过程中，量能迅速萎缩，说明盘中筹码稳定。

（二）日K线操盘策略：主力拔高收集是为了滚动操盘的需要，而打压则是为了赶走跟风盘。既然已经洞悉主力的操盘意图，任凭主力上下折腾，我们胸中有数，持股不动。明日如股价盘中回调，则坚决全仓进场。

【道破涨停天机】实战图谱027

图例027 大西洋（600558）盘口走势图谱

震荡盘升，冲高受阻临盘技术判断与操盘决策：

该股K线组合呈现大角度向上攻击状态。早盘主力采用上下震荡手法，洗盘。仔细观察，早盘的量能与前日相比略有萎缩的细节。今天第三时间段出现长阴杀跌的波线结构，说明上攻受阻。均价线系统仍然具有较强的攻击力，股价短期内仍较难出现深幅下调。但分时图指标 MACD 已经死叉向下，这种状态抑制了股价进一步大幅上涨。因此，未来数小时内，股价将有可能展开窄幅缩量整理的操盘计划。

【道破涨停天机】实战图谱 028

图例 028　大西洋（600558）日 K 线走势图谱

（一）当日日 K 线操盘技术分析：今天该股居然高开。第一时间段回调未跌破昨天收盘价。股价全天在昨日上影线之内展开窄幅整理。量能仍然温和放大，当天量比达到 1 倍以上。看来主力仍不想深幅打压洗盘。这种走势通常有实力雄厚的大主力在场中操盘。

（二）日K线操盘策略：主力不想深幅打压洗盘，主要还是担心让跟风盘捡到便宜筹码。尽管这样，股价仍存在较大的技术隐患，除非采用反复震荡盘升的操盘策略来化解。今天盘中将第二仓位的资金量按照5：5原则，在21.8元一线进入建仓。如果股价在未来三天内出现中阴线，则坚决全仓进场。

【道破涨停天机】实战图谱029

图例029 大西洋（600558）全天盘口即时走势图谱

震荡洗盘、持续攻击临盘技术判断与操盘决策：

该股经过四天小阳线震荡盘升后，已经积累了不少获利盘，有洗盘的必要。今天主力终于采用高开低走的杀跌波形展开洗盘，这是预料之中的事。按照前几日对主力操盘手法的了解，股价形成较大波形回调的可能性较少。因此，可以预计 10 天均线，即 21.5 元区间是主力本轮洗盘的极限。面对这样的盘口走势，我们不必恐惧。元旦上来，即可以按操盘计划，将剩余的第二仓位资金全线介入。从盘口来看，在回头打压的过程中，量能迅速萎缩，说明盘中筹码稳定。主力仍在坚定不移的执行中线波段行情的操盘计划，本轮洗盘的时间将极短。任何时候，通过大量实战经验，洞悉主力的操盘意图和波段行情的操盘原则，是致胜的根本。

【道破涨停天机】实战图谱 030

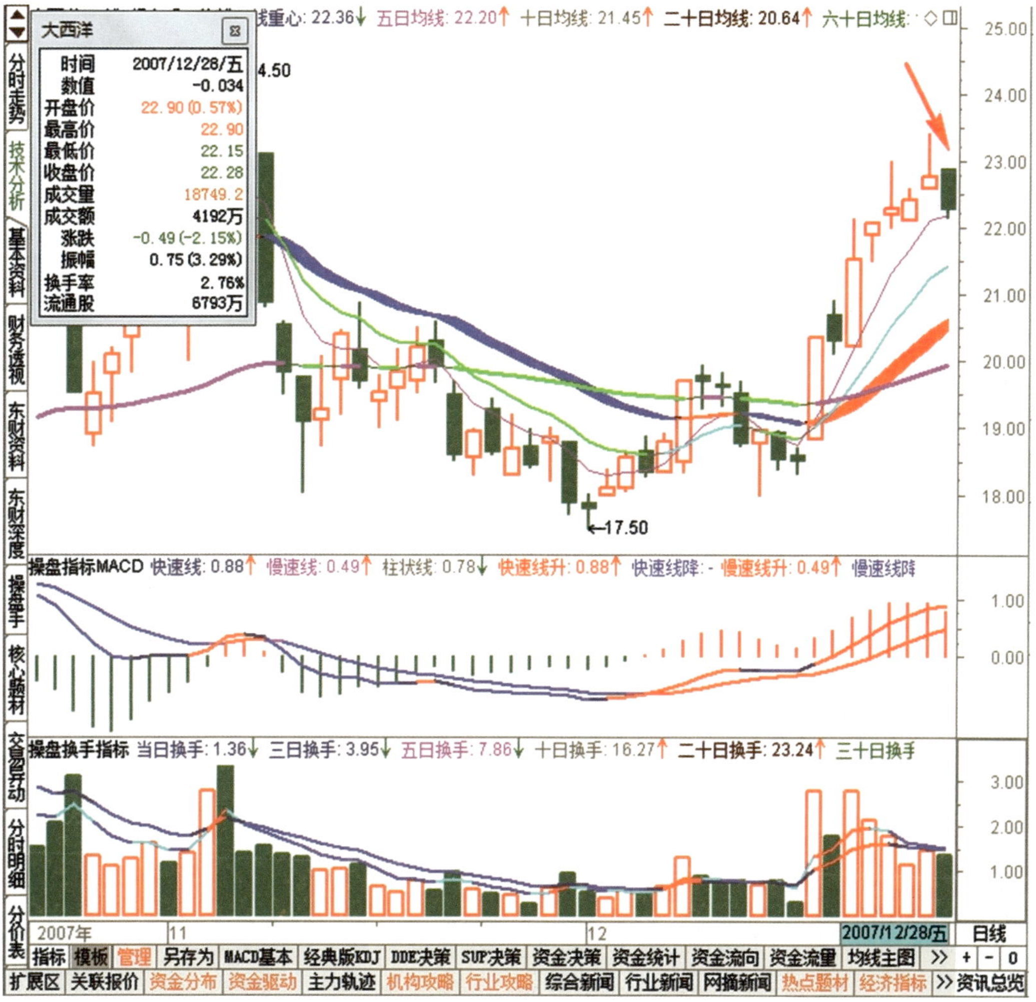

图例 030 大西洋（600558）日 K 走势图谱

（一）当日日 K 线操盘技术分析：该股经过四天小阳线震荡盘升后今天主力终于采用高开低走的杀跌波形展开洗盘。按照前几日对主力操盘手法的了解，股价形成较大波形回调的可能性较少。预计 10 天均线，即 21.5 元区间是主力本轮洗盘的极限。元旦上来，即可以按操盘计划，将剩余的第二仓位资金全线介入。

（二）日 K 线操盘策略：在回头打压的过程中，量能迅速萎缩，说明盘中筹码稳定。主力仍在坚定不移的执行中线波段行情的操盘计划，本轮洗盘的时间将极短。任何时候，通过大量实战经验，洞悉主力的操盘意图和波段行情的操盘原则，是致胜的根本。

【道破涨停天机】实战图谱 031

图例 031 大西洋（600558）日 K 线走势图谱

横盘整理、震荡洗盘临盘技术判断与操盘决策：

该股在突破 60 天均线后的第一次洗盘只用了两天。本次洗盘已经持续了五天。10 天均线仍然大角度向上呈现攻击势。从图例 031 中斜线向上的角度来看，已经具备了中级大波段行情的特征。根据前期启动时，对主力波段行情涨幅目标的测量，股价已经基本达到 30% 的升幅。主力是否还会进一步做高？从目前价格区间看，主力刚刚解放了前期 24 元高点的套牢盘。主力不会有那么好心要做解放军，既然如此，主力的目标必然还在更高。如果有更高，那么高点有多高，多长时间达到？将该股主力定位为中长线大主力，则大波段升幅应该从前高 24 元为基础再往上调整为 30% 的升幅空间，即目标价格在 31 元区间。既然这样，我们的操盘计划要做适度的修正。临盘严密监控主力的量价变化，只要不放巨量，就可安全持股。主力五天洗盘仍未跌穿 10 天均线，说明该均线是主力操盘的生命线。根据操盘原则，未来三天内，主力将作出向上突破性攻击动作。

【道破涨停天机】实战图谱 032

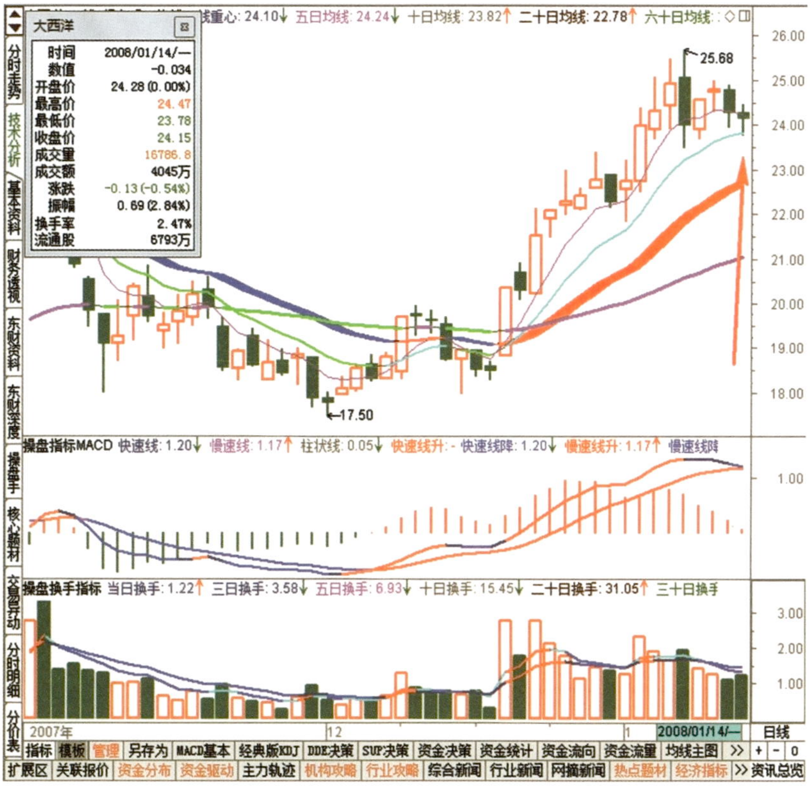

图例 032　大西洋（600558）日 K 线走势图谱

无量洗盘、均线支撑临盘技术判断与操盘决策:

该股早盘快速击穿10天均线，制造白色恐怖。但盘中明显可见低位有大单涌出接盘，说明主力打低只是诱空。全天窄幅整理，反复震荡。量比只有0.83倍，无量洗盘，主力也很无奈。这种情况下，主力洗盘动作将在两天内结束。临盘仍然持股不动。要坚决吃定主力。

【道破涨停天机】实战图谱033

图例033　大西洋（600558）日K线走势图谱

缩量盘升、洗盘结束临盘技术判断与操盘决策：

今天该股高开高走，终于迎来笑脸。和主力洗盘熬了这么多天，终于可以松一口气了。

好股票需要时间和信心，这是本人的经典语录。百炼才能成钢！所以，高超的操盘技术和看盘功力绝非一昔之功可以速成的。从该股今日的走势看，主力阶段性洗盘已经结束了。临盘继续持股，准备迎接主力新一轮升势的展开。明日必然拉升，临盘必须要密切关注主力量价的变化。如果量价不协调，则要防备主力以假突破来迷惑我们。

【道破涨停天机】实战图谱 034

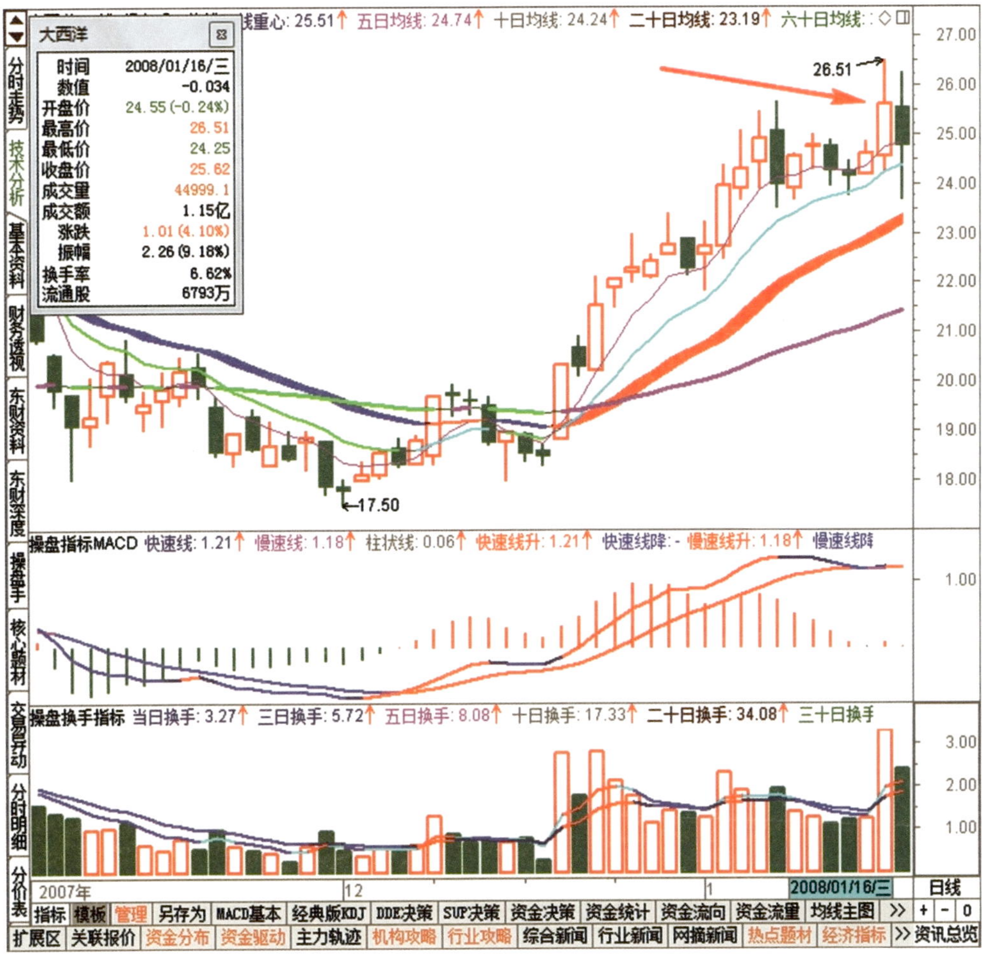

图例 034 大西洋（600558）日 K 线走势图谱

放量攻击、中继拉升临盘技术判断与操盘决策：

该股早盘快速震仓后，于第二时间段展开三波拉升定式，放量攻击。单日量能成为本轮行情以来的最大量。量比2倍以上，量价结构十分健康。从盘中看，主力在突破洗盘平台高位后，于第三时间段展开回头波打压。日K线留下一较长上影线，说明上攻受阻。上长影线是否预示股价即将见顶？但主力已经解放了所有的套牢盘，目前为历史新高价，难道主力想套牢自己？如果是这样，这根长上影线就是指南针，说明还要创新高。尽管这样，临盘还是要做出：三日内不过上影线就出局的操盘策略。毕竟大盘环境不好，凡是以谨慎为宜。从该股的起涨点至今，目标量度升幅已经达到30%，不排除即将有阶段性见顶的可能。

第二章

第五时间段涨停

职业操盘培训要点：

（一）了解和掌握第五时间段涨停的主要形式。

（二）了解和掌握第五时间段涨停的操盘意义。

（三）了解和掌握二波涨停的操盘意义。

（四）了解和掌握三波涨停的操盘意义。

（五）了解和掌握多波涨停的操盘意义。

第一节　二波涨停

第五时间段：午盘 14：00－14：30 分。

第五时间段时间总长度：30 分钟。

狙击时间：

第一关键点：午盘 14：00－14：15 分。

第二关键点：午盘 14：15－14：30 分。

狙击涨停秘诀：

第一条：股价早盘高开 3% 以上。放量，量比 2～5 倍。股价回调后展开反复震荡，第五时间段主力实施二波拉升直接涨停。均价线角度向上，姿态稳定，可以现价大仓位买进。

第二条：股价早盘高开 1% 以上。放量，量比 1～3 倍。股价回调跌破昨收盘价反复震仓，中盘在昨收盘价之上反复震荡。第五时间段二波拉升带巨量直接攻击涨停。均价线角度向上，姿态稳定，可以现价大仓位买进。

第三条：股价平开，回调跌破昨收盘价后反复震仓。第五时间段主力二波拉升带巨量直接攻击涨停。放量，量比 1 倍以上。当股价第二波直接攻击涨停时，可以现价加码买进。

第四条：股价低开 1%～3% 以内。放量，量比 1 倍以上。股价快速拉升突破昨收盘价后，回调不破开盘价，盘中反复震仓，第五时间段以二波拉升方式带巨量直接攻击涨停。均价线角度向上，姿态稳定。当股价第二波直接攻击涨停，最后一笔大卖单被即将吃掉时，可以现价加码买进。

【道破涨停天机】实战图谱 035

震荡盘升、二波涨停临盘技术判断与操盘决策：

该股早盘高开 1%，短暂回调击穿昨收盘价之后，展开震荡盘升趋势。主力在第五时间段以二波拉升波形放量攻击涨停。第二波涨停波形过长，主力拉升略嫌急躁。这种情况下，次日盘中必然展开回调震荡，以化解今日涨停技术之不足。盘中涨停后，封停单量为 3689 手，也略嫌不足。但从全天震荡盘升波形中发现多处尖

图例 035 002200 绿大地全天盘口即时走势图谱

角状冲击波形，说明该股上市至今有新主力资金盘中拔高建仓。当天换手率为30.41%，说明确实有主力资金在盘中大力建仓。该股流通盘仅为1680万股，典型的袖珍小盘股。今日涨停是主力展开短线震荡盘升的信号，临盘应积极介入。

【道破涨停天机】实战图谱 036

（一）当日日K线操盘技术分析：该股昨日上市后一路震荡走高。今日盘中涨停，说明主力拔高建仓加快了收集力度。从盘中看，由于该股新上市基本无套牢盘，主力拔高后将以震荡盘升方式反复消耗盘中散户的持筹信心。但该股上市定价

图例 036　绿大地（002200）日 K 线走势图谱

已经高达 40 元，今日涨停价 50. 40 元，后市上升空间值得怀疑。基于这一考虑，因此，可将今日涨停行情定性为短线拉升特征。根据技术趋势，临盘应及时短线介入，未来五天一旦滞涨，则果断离场。

（二）日 K 线操盘策略：股价延续昨日上市后的涨势继续攻击涨停。短线趋势已经形成一个明显的上升通道。15 分钟分时系统的上升通道可保持在 4 个小时之内不会出现持股风险。从主力操盘手法判断，有新主力进行拔高建仓滚动操盘特征。根据短线主力操盘原则，本轮启动行情第一波升幅以昨日收盘价往上 30% 左右，即 58 元区间。

【道破涨停天机】实战图谱 037

图例 037 特力 A（000025）第五时间段盘口即时走势图谱

火箭攻击、二波涨停临盘技术判断与操盘决策：

该股早盘低开低走，全天基本在昨收盘价之下围绕均价运行。第五时间段，主力突然以二波拉升波形放量攻击涨停。第二波涨停波形升幅达到 10%，波形过长，盘中呈现反复对敲拉升的痕迹。对敲涨升过快，次日盘中必然展开回调震荡，以化解今日涨停技术之不足。股价涨停后，量比达到 3 倍以上，封停单量为 13011 手，量价结构健康。主力在第五时间段急速涨停，说明操盘计划发生变化，是短线拉升信号。临盘应积极介入。

【道破涨停天机】实战图谱 038

图例 038　特力 A（000025）日 K 线走势图谱

（一）当日日 K 线操盘技术分析：该股已经连续四天以小阳 K 线震荡盘升，量能温和放大，形成攻击势。今日盘中突破 60 天均线后放量涨停，说明主力已经启动了短线加速行情。根据技术形态，股价突破重要阻力位后，有回调的技术要求从盘中看，该股在上涨前已经形成明显的中期大底，盘中有中线主力资金控制股价。由于主力在第五时间段拉升过急，中线行情趋势不太明朗。因此，可暂时将今日涨停行情定性为短线拉升特征。如果后市持续放量形态较好，则再考虑定性为中级波段行情。

（二）日K线操盘策略：股价突破60天均线后必然展开回调或震仓。短线趋势已经形成一个明显的上升通道。盘中有中线主力资金在控制股价的涨跌节奏。如果是短线行情，则上升空间以今日涨停价往上20%左右，即18元区间。临盘一旦滞涨，则要坚决出局，绝不可参与中线主力的反复洗盘行情。

【道破涨停天机】实战图谱039

图例039 沙钢股份（002075）全天盘口即时走势图谱

震荡盘升、二波涨停临盘技术判断与操盘决策：

该股早盘高开低走，回调不破昨收盘价，随即展开震荡盘升趋势。主力在第四时间段至第五时间段以二波拉升波形放量攻击涨停。盘中涨停后，封停单量仅为7497手，攻击力度略有欠缺。但从全天震荡盘升波形中观察主力拉升较为流畅，说明有中线主力资金在场中操盘。当天量比2倍以上，量价结构健康。今日涨停是主力展开短线拉升信号，临盘仍可积极介入。

【道破涨停天机】实战图谱040

图例040 沙钢股份（002075）日K线走势图谱

（一）当日日K线操盘技术分析：该股自突破30天均线以来，一直呈震荡盘升趋势。

今日盘中涨停，说明进入加速上涨状态。从上图K线技术形态看，股价已经形成2个梯状量能结构。这种量能结构说明有中线主力在底部收集筹码，滚动操盘，推高股价。由于前期跌幅较大，因此该股本轮行情可定性为底部反弹特征。中线主力底部滚动操盘的品种，短线反弹幅度一般为前一波段跌幅的50%左右。临盘仍可积极介入，一旦滞涨，则应果断出局。

（二）日K线操盘策略：股价运行在短期上升通道中，今日呈现加速上涨状态。短期内，股价突破60天均线需要进行技术回调休整。从该股前一波段下跌状态分析，本次上涨为短线反弹行情。从主力操盘手法判断，该股本波升幅达到目标位置后将展开回落。根据短线主力操盘原则，本轮行情为前波跌幅的50%左右，即14元区间。

第二节 三波涨停

第五时间段：午盘14：00－14：30分。

第五时间段时间总长度：30分钟。

狙击时间：

第一关键点：午盘14：00－14：15分。

第二关键点：午盘14：15－14：30分。

狙击涨停秘诀：

第一条：股价高开3%以上。放量，量比2～5倍。早盘拉升后回调至均价线反复震荡，第五时间段二波拉升直接攻击涨停。均价线角度向上，姿态稳定，并出现尖角冲击波形，可以现价大仓位买进。

第二条：股价高开1%以上。放量，量比1～3倍。早盘回调跌破昨收盘价后反复震仓，第五时间段主力三波拉升带巨量直接攻击涨停。均价线角度向上，姿态稳定，并出现尖角冲击波形，可以现价大仓位买进。

第三条：股价平开，回调跌破昨收盘价后反复震仓。第五时间段三波拉升带巨量直接攻击涨停。放量，量比1倍以上。并出现尖角冲击波形，当股价第三波直接攻击涨停时，可以现价加码买进。

第四条：股价低开1%～3%以内。量比1倍以上。早盘拉升突破昨收盘价后，回调不破开盘价，围绕均价反复震仓后，第五时间段三波拉升带巨量直接攻击涨停。均价线角度向上，姿态稳定，并出现尖角冲击波形。当股价第三波直接攻击涨停，最后一笔大卖单被即将吃掉时，可以现价加码买进。

【道破涨停天机】实战图谱 041

图例 041　宏达高科（002144）全天盘口即时走势图谱

震荡盘升、三波涨停临盘技术判断与操盘决策：

该股早盘高开低走，短暂回调击穿昨收盘价震仓之后，展开震荡盘升趋势。午盘后，主力在第五时间段以三波拉升波形放量攻击涨停。均价线坚定不移向上支持股价大角度攻击。

股价涨停后，量能急速放大，说明上档抛压较大。后市主力可能将会采取以时间换空间的策略。反映在操盘手法上，将以反复震荡盘升为主要特点。今日量比 1 倍以上，封停单量为 45 万股，量价结构健康。该股前期已有较大升幅，今日涨停是主力展开短线震荡盘升的信号，临盘应积极介入。

【道破涨停天机】实战图谱 042

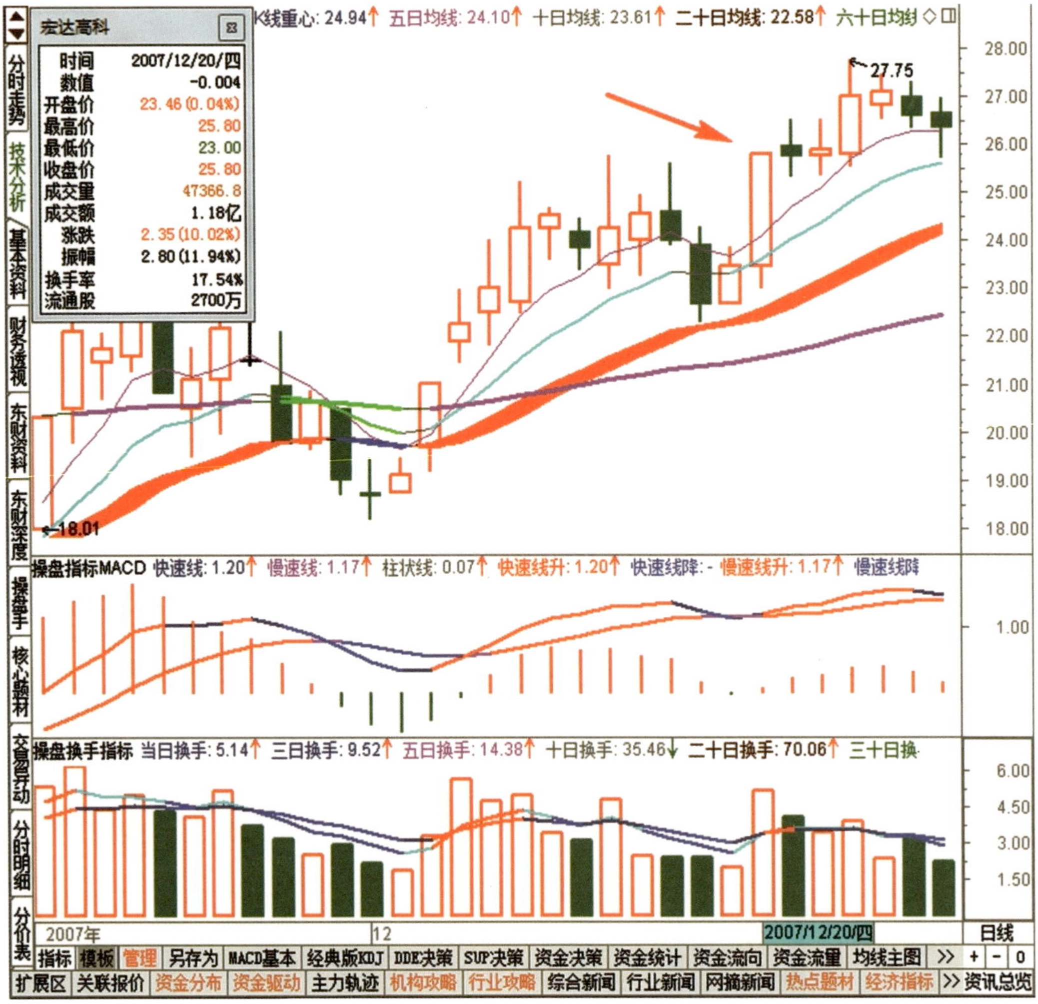

图例 042 宏达高科（002144）日 K 线走势图谱

（一）当日日 K 线操盘技术分析：该股经过多日洗盘整理后，股价在 10 天均线明显受到较强支撑。今日盘中涨停，说明主力正在按计划实施震荡盘升式操盘。从该股底部启动以来的量能结构看，主力底部建仓特征明显，但盘中仍存在滚动式操盘痕迹。股价从 16 元开始第一个涨停板至今已经有接近 60% 的升幅，进一步上升空间值得怀疑。基于这一考虑，因此，可将今日涨停行情定性为短线拉升特征。根据技术趋势，临盘应及时短线介入，未来五天一旦滞涨，则果断离场。

（二）日 K 线操盘策略：股价在中期大上升通道中运行。从上图技术形态看，主力一方面在底部持续建仓，另一方面仍存在滚动式操盘以推高的动作。中线主力操盘从第一个涨停起，一般波段升幅为 40% ~60%。因此，该股已经近 60% 的升幅，目标升幅基本达到。故今日涨停可视为短线拉升特征。临盘以短线操作为主，目标升幅往上约在 15% 以内，即 28 元处。

【道破涨停天机】实战图谱 043

图例 043　国投新集（601918）全天盘口即时走势图谱

震荡盘升、三波涨停临盘技术判断与操盘决策：

该股在第四时间段至第五时间段之间发动攻击，盘中以典型三波推进涨停。股价涨停时，主力在封停位置投入 141124 手巨量大单，手笔之大，令人稀奇。由于该股前日新上市，今日即攻击涨停，盘口封停单量明显看出主力资金拔高建仓痕迹。从全天走势波形看，盘中不断出现尖角状冲击波形，同时说明主力资金在场中大力收集。主力采用巨量封停，一方面说明该股目前价格定位较低并对该股后市前景看好，另一方面也说明盘中并不想给跟风者抢筹的机会。既然主力继续看好该股，则后市升幅不容忽视。盘中量价结构健康，临盘经典买入信号。主力在第三波封停时，拉升较为急促，次日必然盘中展开回调震仓。应及时入场低吸。

【道破涨停天机】实战图谱 044

图例 044　国投新集（601918）日 K 线走势图谱

（一）当日日 K 线操盘技术分析：该股前日新上市，经过昨日洗盘整理后，今日展开向上攻击。盘中突破上市时的高点并放量涨停，说明主力正在按计划拔高建仓。右边盘口封停单量达到 1000 万股以上级别，主力做盘决心巨大。从上图箭头所指形态看，股价已经形成突破之势，攻击角度陡峭。今日涨停属于经典买进信号。股价突破创新高后，通常会在次日展开回调，仍可大胆低吸。

（二）日 K 线操盘策略：股价在分时系统的上升通道中运行。从上图技术形态看，主力在盘中实施拔高建仓的操盘计划。根据该股的流通盘特征，有可能属于中线主力建仓特征。

股价未来第一波拉升的目标升幅应该以上市首日的最高价往上 30% 左右，即 18 元区间。临盘应积极买入。今日短线跟进后，次日股价回调仍可低吸。

【道破涨停天机】实战图谱 045

图例 045 成发科技（600391）全天盘口即时走势图谱

震荡盘升、三波涨停临盘技术判断与操盘决策：

该股在第五时间段发动攻击，盘中完成三波涨停。股价涨停后，盘中反复开板，上档抛压极大。由于该股期已经有过一波涨幅，今日涨停有加速见顶迹象。主力不能在盘中果断封停，反复开板，说明主力也在盘中出货。封停单量仅为294手，说明上攻力度匮乏。既然主力在盘中出货，那么该股今日攻击基本缺乏买进理由。临盘以观望为主。若已经持仓，则要考虑在次日放量滞涨时果断出局。

【道破涨停天机】实战图谱 046

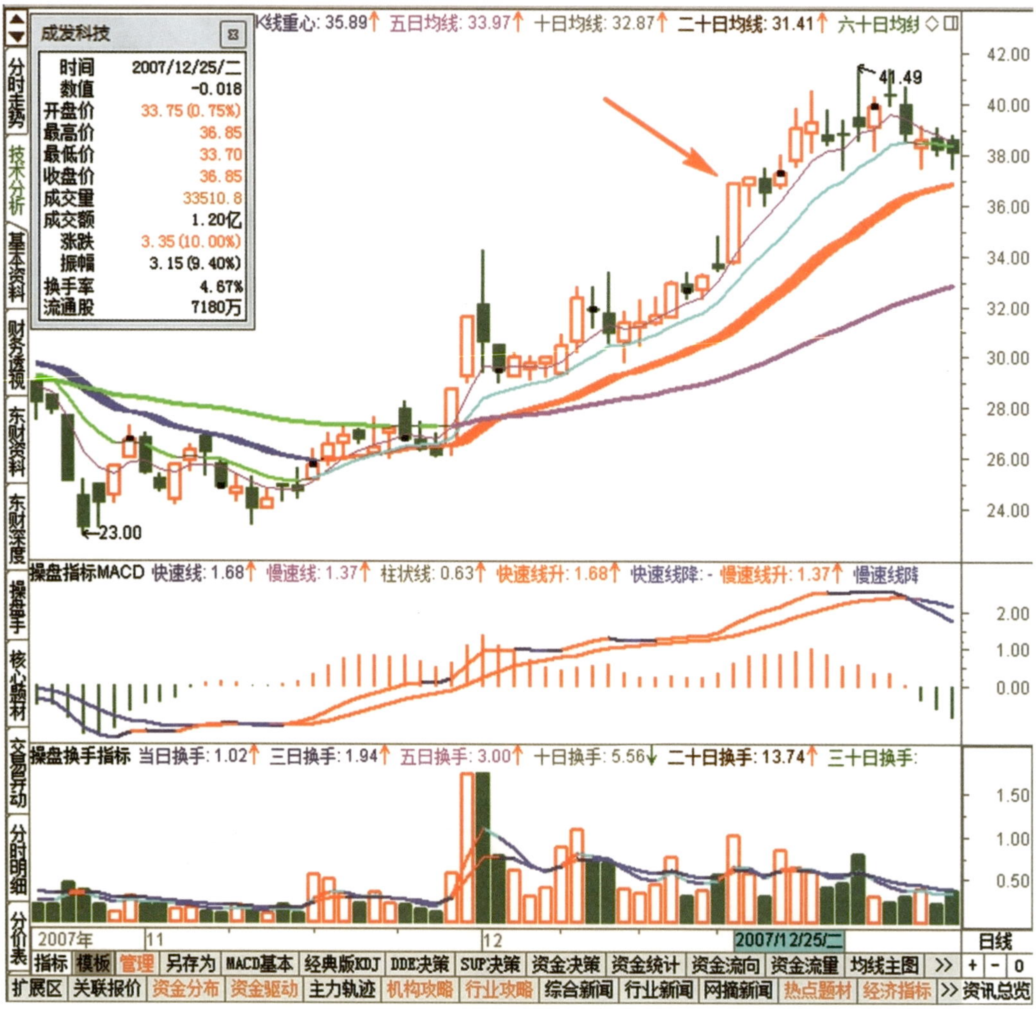

图例046 成发科技（600391）日K线走势图谱

（一）当日日 K 线操盘技术分析：该股今日高开高走，一举创出近期新高。盘中放量涨停，说明向上突破属于有效性攻击。右边盘口封停单量仅为 294 手，上档抛压较大，主力有拉高出货嫌疑。该股自突破 60 天均线以来，波段升幅已经达到 30%，股价即将阶段性见顶。今日涨停属于加速见顶信号。这时候的涨停临盘仅可观赏，如已持股，则要考虑于次日放量滞涨时高抛。

（二）日 K 线操盘策略：股价在中级上升通道中运行。从上图技术形态看，主力在已经加快了操盘计划。该股有中长线主力在场中控盘，股价在拉升过程中，主力正处于阶段性派发状态。由于股价突破了近期新高，目标波段升幅即将到达，临盘应谨慎持股。

第三节　多波涨停

第五时间段：午盘 14：00－14：30 分。

第五时间段时间总长度：30 分钟。

狙击时间：

第一关键点：午盘 14：00－14：15 分。

第二关键点：午盘 14：15－14：30 分。

狙击涨停秘诀：

第一条：股价高开 3% 以上。放量，量比 2～10 倍。回调不破昨收盘价。早盘拉升至开盘价以上回调不破均价线，全天反复震荡多波盘升，第五时间段果断攻击涨停。均价线角度向上，姿态稳定，并出现尖角冲击波形，可以现价大仓位买进。

第二条：股价高开 1% 以上。放量，量比 1～3 倍。股价回调跌破昨收盘价后快速震仓，然后反复震荡多波盘升，第五时间段果断放量攻击涨停。均价线角度向上，姿态稳定，并出现尖角冲击波形，可以现价大仓位买进。

第三条：股价平开。回调跌破昨收盘价后快速震仓，然后反复震荡多波盘升，第五时间段果断放量攻击涨停。量比 1 倍以上。并出现尖角冲击波形，可以现价加码买进。

第四条：股价低开 1%～3% 以内。放量，量比 1 倍以上。早盘快速拉升突破昨收盘价后，回调不破开盘价。股价反复震荡多波盘升，第五时间段果断放量攻击涨停。均价线角度向上，姿态稳定，并出现尖角冲击波形。当股价最后一波涨停，最后一笔大卖单被即将吃掉时，可以现价加码买进。

【道破涨停天机】实战图谱 047

图例 047 安信信托（600816）全天盘口即时走势图谱

震荡盘升、多波涨停临盘技术判断与操盘决策：

该股高开高走，回调并未击穿昨收盘价。主力全天采用震荡盘升操盘手法，稳步推高股价。均价线坚定不移向上，支持股价高低点逐步抬高。第五时间段，主力果断涨停，量能急速放大。股价涨停后，盘中瞬间开板诱空。但盘口封停单量仅为

3957 手，一方面说明主力操盘谨慎，另一方面说明上档存在较大抛压。当天量比 1 倍以上，量价结构仍较健康。由于股价经过前期大跌，今日涨停为止跌反弹信号，临盘可轻仓介入。

【道破涨停天机】实战图谱 048

图例 048　安信信托（600816）日 K 线走势图谱

（一）当日日 K 线操盘技术分析：该股今日高开高走，展开技术性止跌反弹。盘中放量涨停，说明股价主动性补仓性攻击。短期均线系统下压之势已经疲软，对股价反弹已构不成压力。日 KDJ 指标在低位形成背离状态，将有效支撑反弹行情的进一步延伸。主力敢于在今日涨停，说明低位回补筹码，将进行滚动性操盘，因此，反弹行情的安全度与可靠性十分巨大。右边盘口封停单量仅为 3957 手，上档抛压较大，主力操盘较为谨慎。今日涨停属于短线经典买进信号，临盘应坚决介入。次日早盘震仓回调时，仍可加仓参与主力的阶段性反弹行情。

（二）日 K 线操盘策略：股价跌穿 60 天均至今，已经运行了 13 个交易日。今日符合江恩的时间之窗，主力果断展开止跌反弹行情。该股有望在目前价格形成中期大底的技术性要求。临盘应积极短线介入抢反弹，如后市能放量突破 60 天均线，则该股将形成中级反转行情。

【道破涨停天机】实战图谱 049

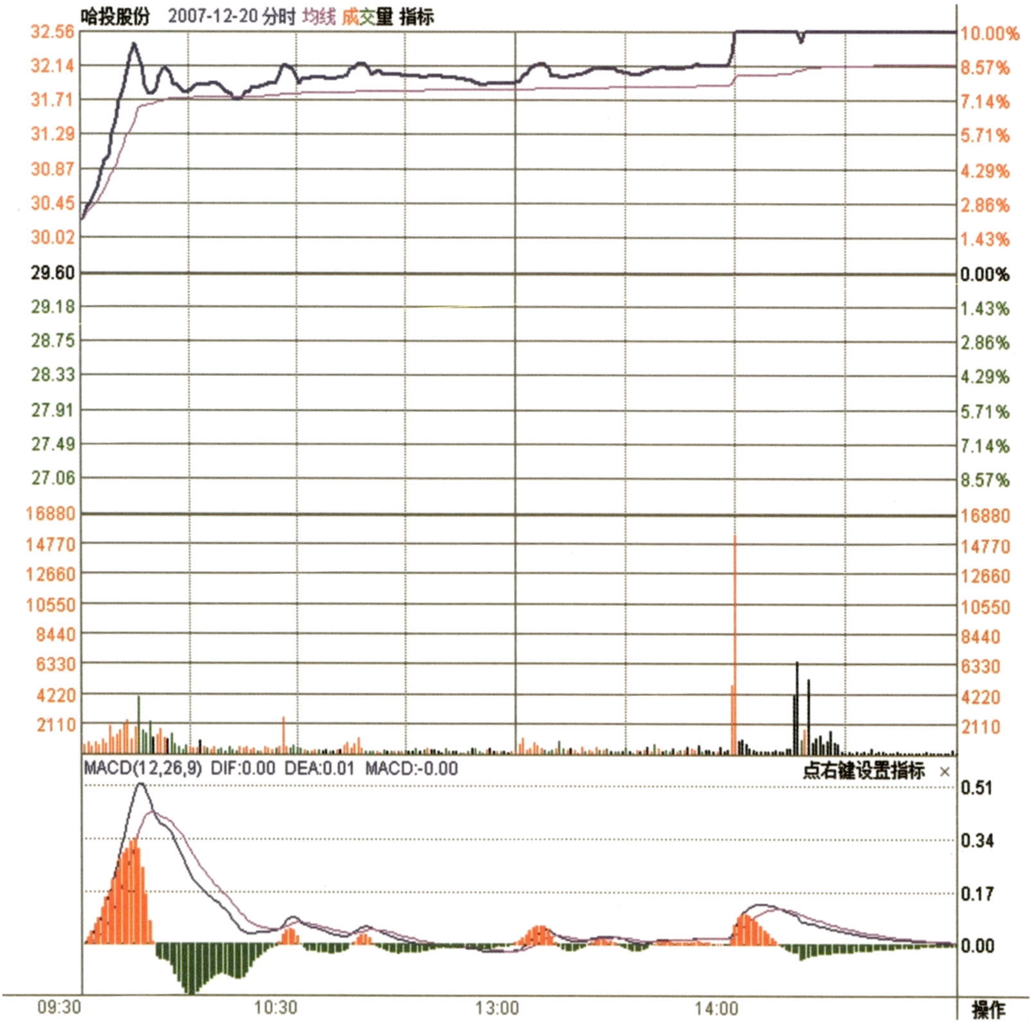

图例 049 哈投股份（600864）第五时间段盘口即时走势图谱

震荡盘升、多波涨停临盘技术判断与操盘决策：

主力在早盘第一时间段将股价以一波长波拉升至涨停价附近。攻击时，温和放量。快速拉高的目的是为了打开上升空间。主力随后反手打压，全天将股价控制在均价线之上进行反复震荡震仓。震荡时，量能萎缩较好，说明主力已经能够控制盘中的量价节奏。第五时间段，主力果断实施瞬间涨停操盘手法。量能急速放大，配合健康。涨停量，量比达到 5 倍以上，封停单量为 25336 手，十分理想。此为经典的涨停买入信号，主力有启动中级行情的操盘计划，临盘应积极介入。

【道破涨停天机】实战图谱 050

图例 050　哈投股份（600864）日 K 线走势图谱

（一）当日日 K 线操盘技术分析：该股今日高开高走，一举突破 60 天均线。盘中放量涨停，呈现中级波段行情的启动特征。股价在涨停前，已经于 20 天均线之上有过较好的放量蓄势动作。今日上涨，是主力有计划地发动中级波段行情信号。右边盘口封停单量达到 246 万股，量比 5 倍以上。量能配合理想，量价结构十分健康。股价突破重要阻力位后，将于未来数日展开技术性回抽动作。临盘应坚决买入。如股价回抽时，则在 10 天均线可坚决低吸加仓。

（二）日 K 线操盘策略：股价已经放量突破，形成向上发动攻击的中级波段行情状态。

从上图技术形态看，主力在已经加快了操盘计划。该股有中长线主力在场中控盘，本轮行情属于主力滚动性操盘计划。根据中线主力操盘原则，本轮波段行情的目标升幅以今日涨停价往上大约 30%，即 40 元区间。

【道破涨停天机】实战图谱 051

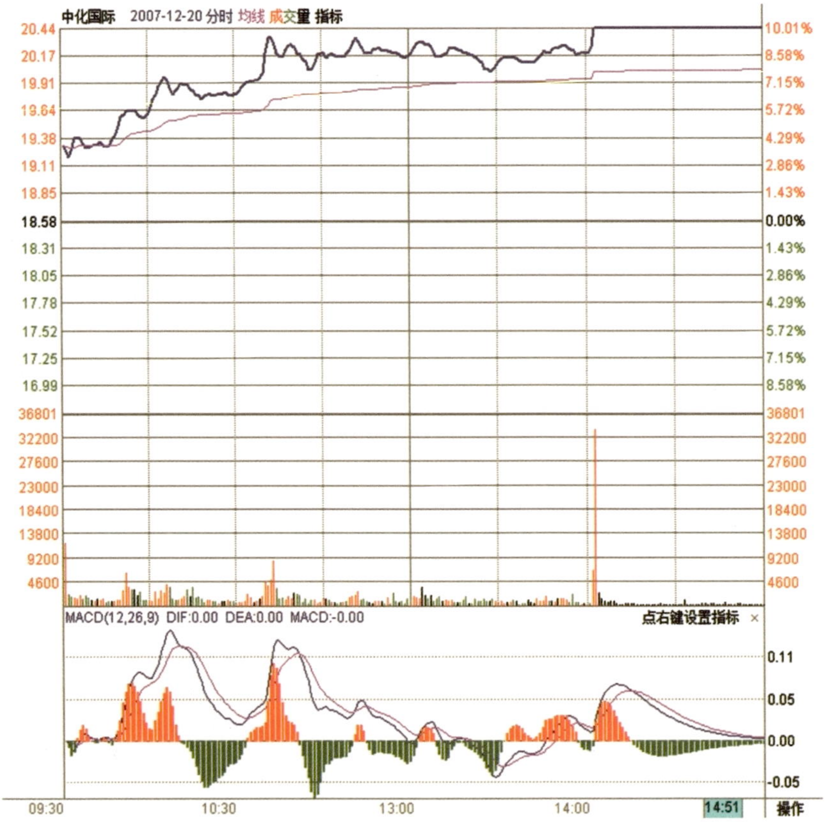

图例 051　中化国际（600500）全天盘口即时走势图谱

震荡盘升、多波涨停临盘技术判断与操盘决策：

股价早盘高开高走，回调不破昨收盘价。全天采用多波震荡盘升的方式推高股价。均价线坚定不移地向上，支持股价进一步盘升。量能温和放大，说明主力操盘手法稳健，量价节奏控制较好。第五时间段，主力果断实施瞬间涨停操盘手法。涨停前，主力曾在涨停价附近展开反复的震仓动作。涨停时，量能急速放大，配合健康。量比达到1倍以上，封停单量高达80937手，主力做盘决心巨大。此为经典的涨停买入信号，主力有启动中级行情的操盘计划，临盘应积极介入。

【道破涨停天机】实战图谱 052

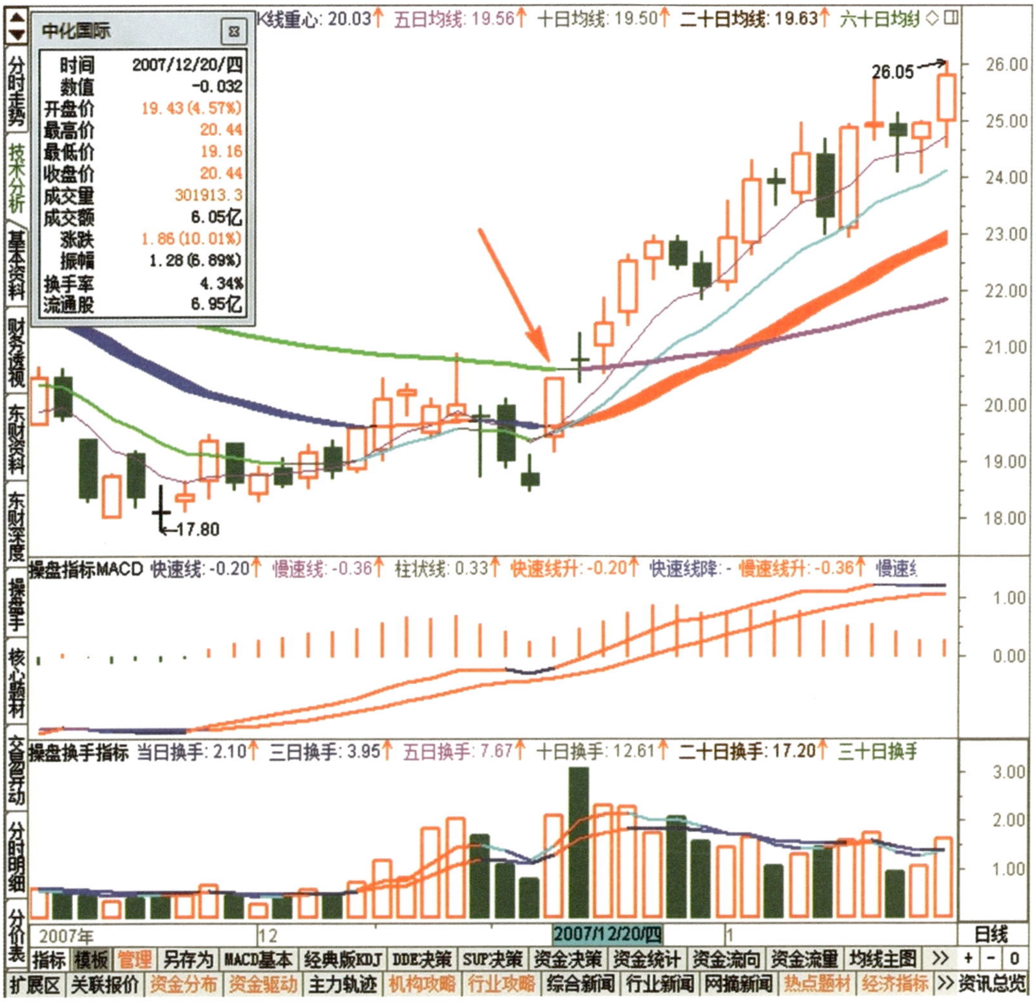

图例 052　中化国际（600500）日 K 线走势图谱

（一）当日日K线操盘技术分析：该股今日高开高走，再次突破20天均线。盘中放量涨停，呈现中级波段行情的启动特征。股价在涨停前，已经围绕20天均线进行了为期7天的调整，并有过较好的放量蓄势动作。今日上涨，是主力有计划地发动中级波段行情信号。

右边盘口封停单量达到812万股，量比1倍以上。量能配合理想，量价结构十分健康。股价短线仍面临60天均线的阻力，预计将展开反复震荡的震仓动作。临盘应坚决买入。如股价回抽时，则在5天均线可坚决低吸加仓。

（二）日K线操盘策略：股价已经放量突破，形成向上发动攻击的中级波段行情状态。从上图技术形态看，主力在已经加快了操盘计划。该股有中长线主力在场中控盘，本轮行情属于主力滚动性操盘计划。根据中线主力操盘原则，本轮波段行情的目标升幅以今日涨停价往上至少40%，即28元区间。

【道破涨停天机】实战图谱053

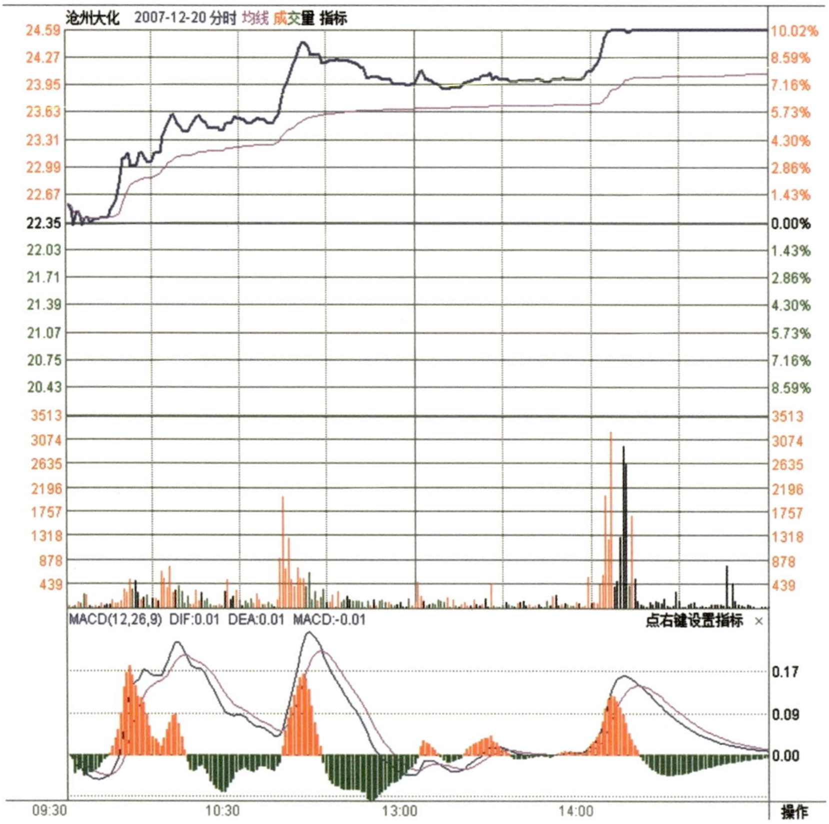

图例053　沧州大化（600230）全天盘口即时走势图谱

震荡盘升、多波涨停临盘技术判断与操盘决策：

主力在早盘高开低走，回调打压，快速完成短暂洗盘动作。股价从第一时间段尾段起展开攻击，多波震荡盘升。攻击时，量能逐波温和放大。主力在盘中有拉有放，说明已经能够控制盘中的量价节奏。同时也说明，盘中仍为原中长线主力在其中主持大局。第五时间段，主力果断涨停。量能急速放大，配合健康。量比达到2倍以上，封停单量为10066手，量价结构十分理想。此为经典的涨停买入信号，主力有启动中级波段行情的操盘计划，临盘应积极介入。

【道破涨停天机】实战图谱054

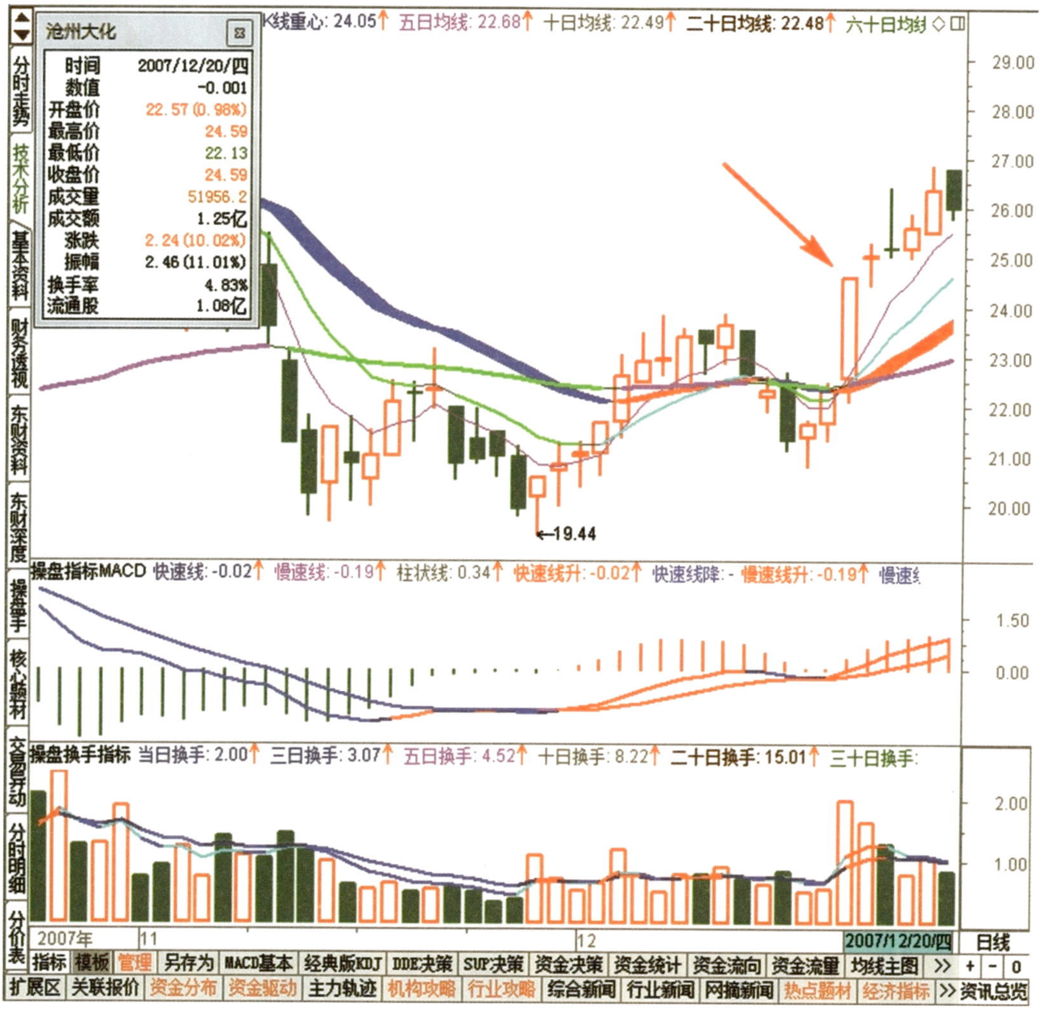

图例054 沧州大化（600230）日K线走势图谱

（一）当日日K线操盘技术分析：该股今日高开高走，形成三连阳的攻击形态。盘中放量涨停，已经具备中级波段行情的启动特征。股价在涨停前，已经围绕20天均线展开反复震荡筑底，并有过较好的放量蓄势动作。今日上涨，是主力有计划地发动中级波段行情信号。右边盘口封停单量达到107万股，量比2倍以上。量能配合理想，量价结构十分健康。

股价已经接触60天均线的短暂阻力。临盘应坚决买入。如股价回抽时，则在60天均线可坚决低吸加仓。

（二）日K线操盘策略：股价已经放量突破，形成向上发动攻击的中级波段行情状态。

从上图技术形态看，主力在已经加快了操盘计划。该股有中长线主力在场中控盘，本轮行情属于主力滚动性操盘计划。根据中线主力操盘原则，本轮波段行情的目标升幅以今日涨停价往上大约30%，即30元区间。

【道破涨停天机】实战图谱055

图例055　中国中铁（601390）第五时间段盘口即时走势图谱

震荡盘升、多波涨停临盘技术判断与操盘决策：

主力在早盘高开低走，快速回调完成震仓动作。全天采用温和放量，震荡盘升的攻击趋势。均价线坚定不移地向上，支持股价进一步盘升。股价反复盘升，说明主力正实施快速拉高打开上升空间。第五时间段，主力果断涨停操盘。量能急速放大，配合健康。量比达到 1 倍以上，封停单量为 450942 手。封停单量过于巨大，主力在盘中有做秀的嫌疑。但该股短线加速攻击的信号已经出现。此为经典的涨停买入信号，临盘应积极介入。

【道破涨停天机】实战图谱 056

图例 056　中国中铁（601390）日 K 线走势图谱

（一）当日日 K 线操盘技术分析：该股今日高开低走，早盘快速震仓完毕后，一举创出上市以来的新高。盘中放量涨停，短线已经进入加速拉升的攻击型特征。股价在涨停前，已经有过 5 天的震荡洗盘动作。今日上涨，是主力有计划地发动短线加速行情信号。右边盘口封停单量达到 4260 万股，量比 1 倍以上。封停单量过于巨大，主力有盘中做秀的嫌疑。主力做秀的目的无非是吸引跟风盘入场，然后在逐步拉高过程中按计划逐步出货。量能配合理想，量价结构十分健康，符合短线涨停买入法则。临盘应坚决买入。如股价回抽时，则在 5 天均线可坚决低吸加仓。

（二）日 K 线操盘策略：股价已经放量突破，形成向上加速攻击的短线行情状态。从上图技术形态看，主力在已经加快了操盘计划。该股上市以来，有中线主力战略性拔高建仓。

一般情况下，新股建仓的中线主力波段升幅以上市当天最高价往上 40% 左右，即 12 元附近。

【道破涨停天机】实战图谱 057

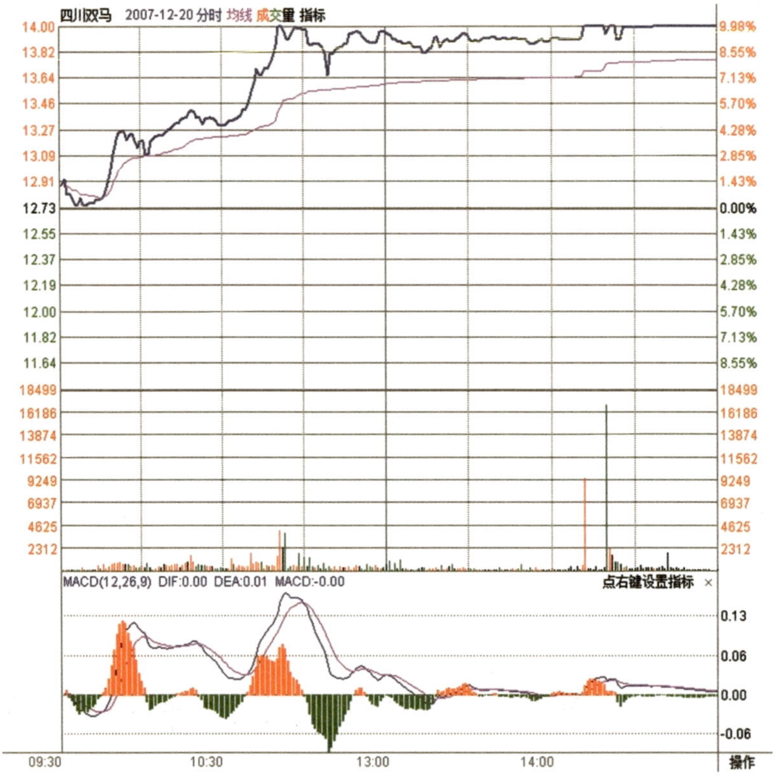

图例 057　四川双马（000935）第五时间段盘口即时走势图谱

震荡盘升、多波涨停临盘技术判断与操盘决策：

股价早盘高开，回调不破昨收盘价。第一时间段之后逐波推高，放量攻击。主力将股拉升至涨停板位置随后反手打压，全天将股价控制在均价线之上进行反复震荡震仓。打压震仓时，量能萎缩较好，说明主力已经能够控制盘中的量价节奏。第五时间段，主力果断实施瞬间涨停操盘手法。量能急速放大，配合健康。涨停时，量比达到 8 倍以上，十分理想。但股价在涨停位置反复开板，有诱空嫌疑，封停单量仅为 1406 手，股价处在阶段性低位，主力诱空涨停，说明已经发动中级波段行情。此为经典的涨停买入信号，临盘应积极介入。

【道破涨停天机】实战图谱 058

图例 058　四川双马（000935）日 K 线走势图谱

（一）当日日 K 线操盘技术分析：该股曾在 11 月 22 日有过试盘性放量异动。今日高开高走，一举突破 60 天均线。盘中放量涨停，呈现中级波段行情的启动特征。股价在涨停前，已经于 20 天均线之上有过较好的放量蓄势动作。今日上涨，是主力有计划地发动中级波段行情信号。右边盘口封停单量仅为 14 万股，有诱空涨停嫌疑。量比 5 倍以上。量价结构十分健康。股价突破重要阻力位后，将于未来数日展开技术性回抽动作。临盘应坚决买入。如股价回抽时，则在 60 天均线可坚决低吸加仓。

（二）日 K 线操盘策略：股价已经放量突破，形成向上发动攻击的中级波段行情状态。

从上图技术形态看，主力在已经加快了操盘计划。该股有中长线主力在场中控盘，本轮行情属于主力滚动性操盘计划。根据中线主力操盘原则，本轮行情第一波目标升幅以今日涨停价往上大约 30%，即 18 元区间。

【道破涨停天机】实战图谱 059

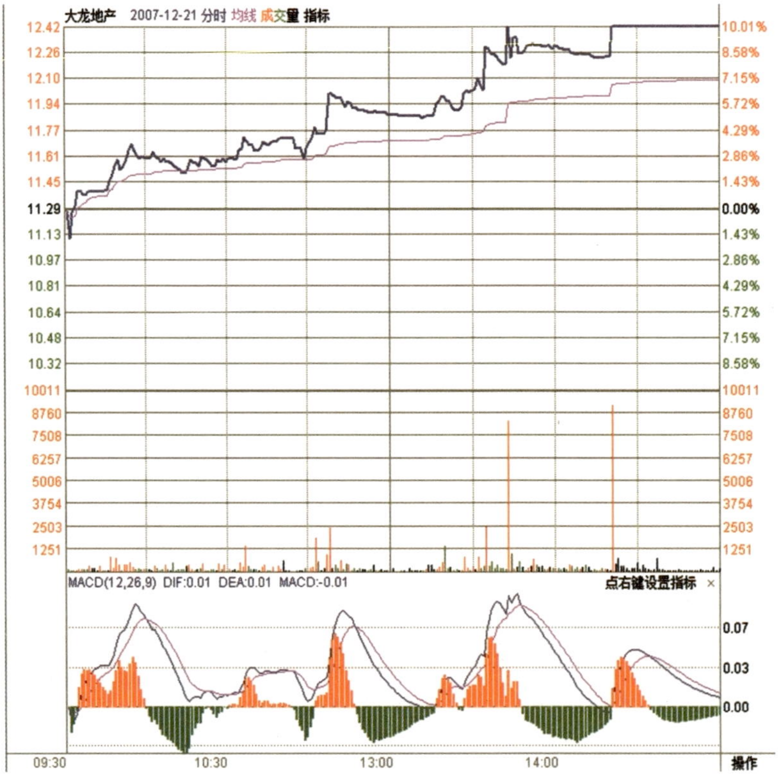

图例 059 大龙地产（600159）第五时间段盘口即时走势图谱

震荡盘升、多波涨停临盘技术判断与操盘决策：

主力在早盘低开低走，快速震仓后，随即展开波段攻击。全天震荡盘升，以多波组合攻击操盘手法推高股价。攻击波形呈现脉冲状态，说明有中长线主力在场中控盘。第五时间段，主力果断实施瞬间涨停操盘手法。量能急速放大，配合健康。涨停时，量比达到 3 倍以上，封停单量为 43075 手，十分理想。此为经典的涨停买入信号，主力有启动中级行情的操盘计划，临盘应积极介入。

【道破涨停天机】实战图谱 060

图例 060　大龙地产（600159）日 K 线走势图谱

（一）当日日 K 线操盘技术分析：该股今日高开高走，一举突破 60 天均线。从上图中观察，K 线组合已经形成四连阳的攻击形态。盘中放量涨停，具备中级波段行情的启动特征。股价在涨停前，已经于 20 天均线之上有过较好的放量蓄势动作。今日上涨，是主力有计划地发动中级波段行情信号。右边盘口封停单量达到 430 万股，量比 3 倍以上。量能配合理想，量价结构十分健康。股价突破 60 天均线后，将于未来数日展开技术性回抽动作。临盘应坚决买入。如股价回抽时，则在 5 天均线可坚决低吸加仓。

（二）日 K 线操盘策略：股价已经放量突破，形成向上发动攻击的中级波段行情状态。从上图技术形态看，主力在已经加快了操盘计划。该股有中长线主力在场中控盘，本轮行情属于主力滚动性操盘计划。根据中线主力操盘原则，本轮波段行情的目标升幅以今日涨停价往上至少 40%，即 17 元区间。

第四节　操盘战例

朝辉（私募）投资管理机构钻石会员基本档案：

●会员编号：WCH（粤）07161

●会员名称：汪先生（全名略）

●入会初始资金：300 万元

●入会时间：2007 年 7 月 3 日

●所在地区：广州海珠区

●开户证券：中投证券

●开户银行：工商银行广州支行

●截至 2007 年 12 月 1 日，WCH（粤）07161 号会员账户总资产为 675 万元，直接盈利 375 万元，总收益率为 125%！本章摘录该会员在 2007 年 12 月 20 日起参与的经典战例。

朝辉（私募）投资管理机构钻石会员操盘简报：

一、会员编号：WCH（粤）07161 号会员

二、投入资金：675 万元

三、操盘时间：2007 年 11 月 20 日至 08 年元月 18 日

四、时间长度：18 个交易日

五、操盘项目：600864 哈投股份（原名：岁宝热电）

六、预期收益：20%

七、实际收益：35%

朝辉（私募）投资管理机构钻石会员操盘战例：

一、项目简况：

2007 年 12 月 20 日。该股今日高开高走，放量突破 60 天均线，盘中带量涨停，主力已经发动中级波段行情。从该股运行的量价结构看，仍为原中线主力在其中操盘。该股是 07 年上半年的大牛股，最高价格曾到 83 元，除权后逐波走低，主力在前期阶段性减持后，目前在底部再次补仓。本轮上涨，是主力滚动性操盘的结果。主力有发动一轮较大级别波段行情的操盘意图。该股周线指标全部在低位准备金叉向上，中级行情依据成立。基本面上，该股在经营上已经发生天翻地覆的变化，业绩得到巨大提升。

二、大盘环境：

大盘继昨日上涨之势，今天跳空高开震荡盘升，盘中一举收复 5000 点重要关口。大盘强势反转的特征明显，因此，5000 点之下由主力资金发动的战略性诱空行情已经结束，大盘中期大反转已经展开。从建仓安全度而言，目前大盘的建仓安全度为最优，短中线持股安全系数均较高。

三、操盘策略：

根据资金运用原则，及该股所处的技术位置，仓位布局分为两批介入：第一批仓位占总资金量的 60%，布局于今日涨停板和均价线区间，如股价盘中击穿均价线，则继续加仓 10%。第二批仓位占总资金量的 40%，布局于股价进行技术性回调时于 10 天均线处加仓。

【道破涨停天机】实战图谱 061

震荡盘升、多波涨停临盘技术判断与操盘决策：

主力在早盘第一时间段将股价以一波长波拉升至涨停价附近。攻击时，温和放量。快速拉高的目的是为了打开上升空间。主力随后反手打压，全天将股价控制在均价线之上进行反复震荡震仓。震荡时，量能萎缩较好，说明主力已经能够控制盘中的量价节奏。第五时间段，主力果断实施瞬间涨停操盘手法。量能急速放大，配合健康。涨停量，量比达到 5 倍以上，封停单量为 25336 手，十分理想。此为经典

图例 061　哈投股份（600864）第五时间段盘口即时走势图谱

的涨停买入信号，主力已经启动中级行情的操盘计划。临盘第一仓位于该股第一波拉升回调至均价线和涨停时介入，建仓均价为 32.18 元。

【道破涨停天机】实战图谱 062

（一）当日日 K 线操盘技术分析：该股今日高开高走，一举突破 60 天均线。盘中放量涨停，呈现中级波段行情的启动特征。股价在涨停前，已经于 20 天均线之上有过较好的放量蓄势动作。今日上涨，是主力有计划地发动中级波段行情信号。右边盘口封停单量达到 246 万股，量比 5 倍以上。量能配合理想，量价结构十分健

图例 062　哈投股份（600864）日 K 线走势图谱

康。股价突破重要阻力位后，将于未来数日展开技术性回抽动作。临盘应坚决买入。如股价回抽时，则在 10 天均线可坚决低吸加仓。

（二）日 K 线操盘策略：股价已经放量突破，形成向上发动攻击的中级波段行情状态。

从上图技术形态看，主力在已经加快了操盘计划。该股有中长线主力在场中控盘，本轮行情属于主力滚动性操盘计划。根据中线主力操盘原则，本轮波段行情的目标升幅以今日涨停价往上至少 30%，即 42 元区间。第一仓位已经于今日涨停价位附近介入。第二仓位股价回调至 10 天均线时加仓。

【道破涨停天机】实战图谱 063

图例 063 哈投股份（600864）全天盘口即时走势图谱

巨量震仓、回头打压临盘技术判断与操盘决策：

主力在早盘第一时间段展开三波攻击，快速拉高股价。股价在第二时间段未能封涨停，上档抛压巨大。盘中量能急速放大，主力已加快了操盘节奏。第四时间段，主力反复努力不能封住涨停，随即展开反手打压。尾盘出现跳水走势，打压已经展开。主力欲进行突破后的技术性回调。加仓机会即将来临。量比达到 4 倍以上，量价结构健康。今日在盘中多次不能封停的情况下，昨日介入的仓位在今日涨停价格尽数出局。对于该股必须要采用滚动仓位操盘的策略。

【道破涨停天机】实战图谱 064

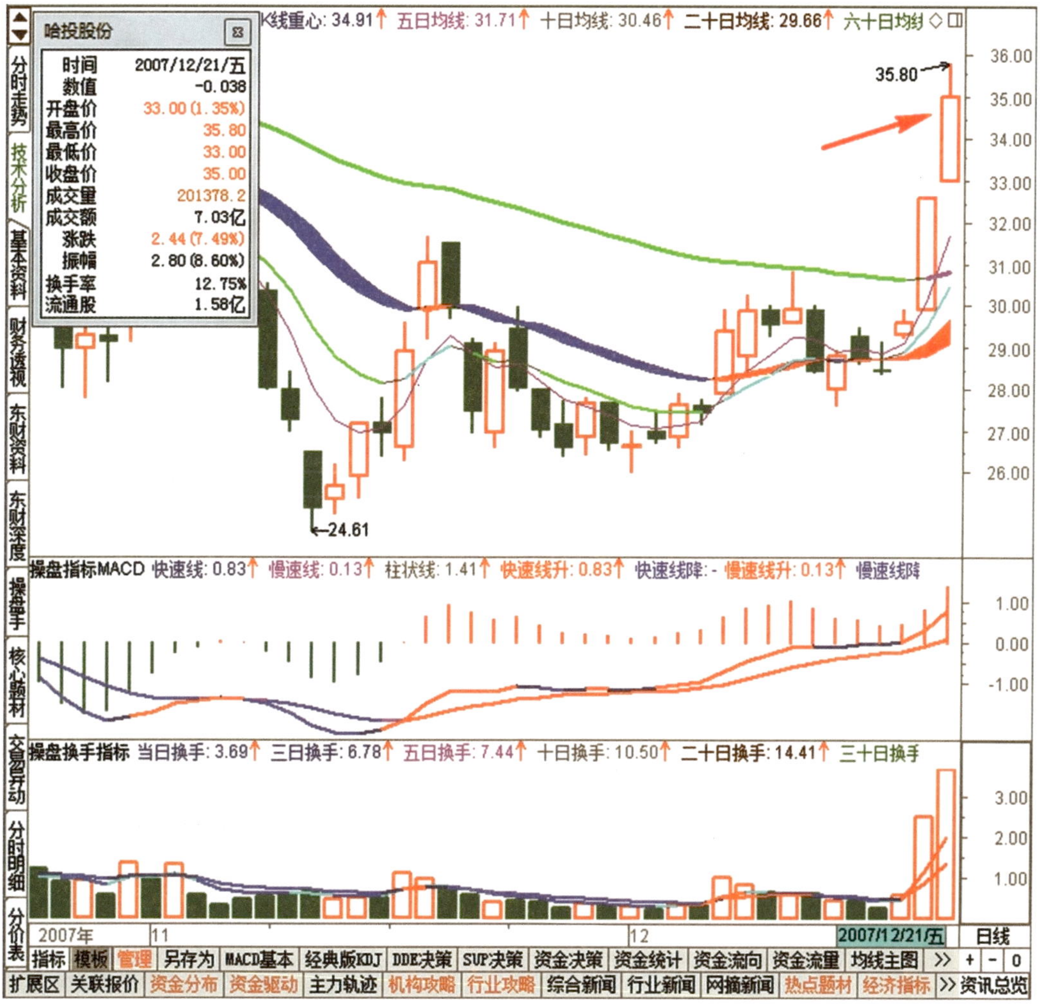

图例 064　哈投股份（600864）日 K 线走势图谱

震荡盘升、上攻受阻临盘技术判断与操盘决策：

分时系统显示股价已经形成明显的短线上升通道。量能持续放大，配合十分理想。今日尾盘出现放量阴 K 线，说明上档存在巨大抛压，攻击受阻。从上图中的 K 线组合形态与均线系统分析，该股短线上涨动能仍然较强。尾盘的打压应该是主力欲进行突破后的技术性回调。加仓机会即将来临。次日严密关注股价在重要均线位的止跌。主力刚刚发动的行情不会很快就终结，因此，起步阶段的回调更有利于接下来的上涨。今日盘中在股价不能涨停时将昨日仓位全部抛出。待股价回调下来再买进，进行滚动仓操盘。滚动仓操盘是对付中线主力的最好策略。

【道破涨停天机】实战图谱 065

图例 065 哈投股份（600864）全天盘口走势图谱

放量攻击、上升受阻临盘技术判断与操盘决策：

主力今日早盘高开高走，巨量攻击。随后转身向下，抛压沉重。当日长上影 K 线系统显示，股价在上攻时受到较大阻力。连续两天量能急速放大，已经显露出主力中级波段行情的操盘计划。今日受阻有可能导致主力借机展开技术回调动作。如果是这样，说明主力仍在按照常规操盘技术特点进行操作。回调就是最佳的加仓机会。主力启动中级波段行情的初级阶段，盘中出现回调就像汽车行驶时要挂档踩油门一样，稍微停顿一下，是为了接下来更好地加速前进。昨日第一仓位进场已经马上产生了近10个点的盈利，早盘高抛锁住利润，状态良好。尾盘适当回补，保持仓位不变。

【道破涨停天机】实战图谱066

图例066　哈投股份（600864）日K线走势图谱

主力今日以高开低走操盘定式，盘中果然展开震仓洗盘动作。早盘创出行情新高后，股价全天围绕昨收盘价窄幅整理。量能仍然温和放大。连续三天换手率已经接近30%。积极换手，说明主力已经加大了操盘力度。股价回调幅度较浅，主力可能不会让股价深调。如果明日股价不下跌，则临盘应考虑加仓计划是否仍然维持10天均线的原则不变。当市场发生变化时，临盘应及时调整操盘方案，这是实战操盘的生存法则。

【道破涨停天机】实战图谱067

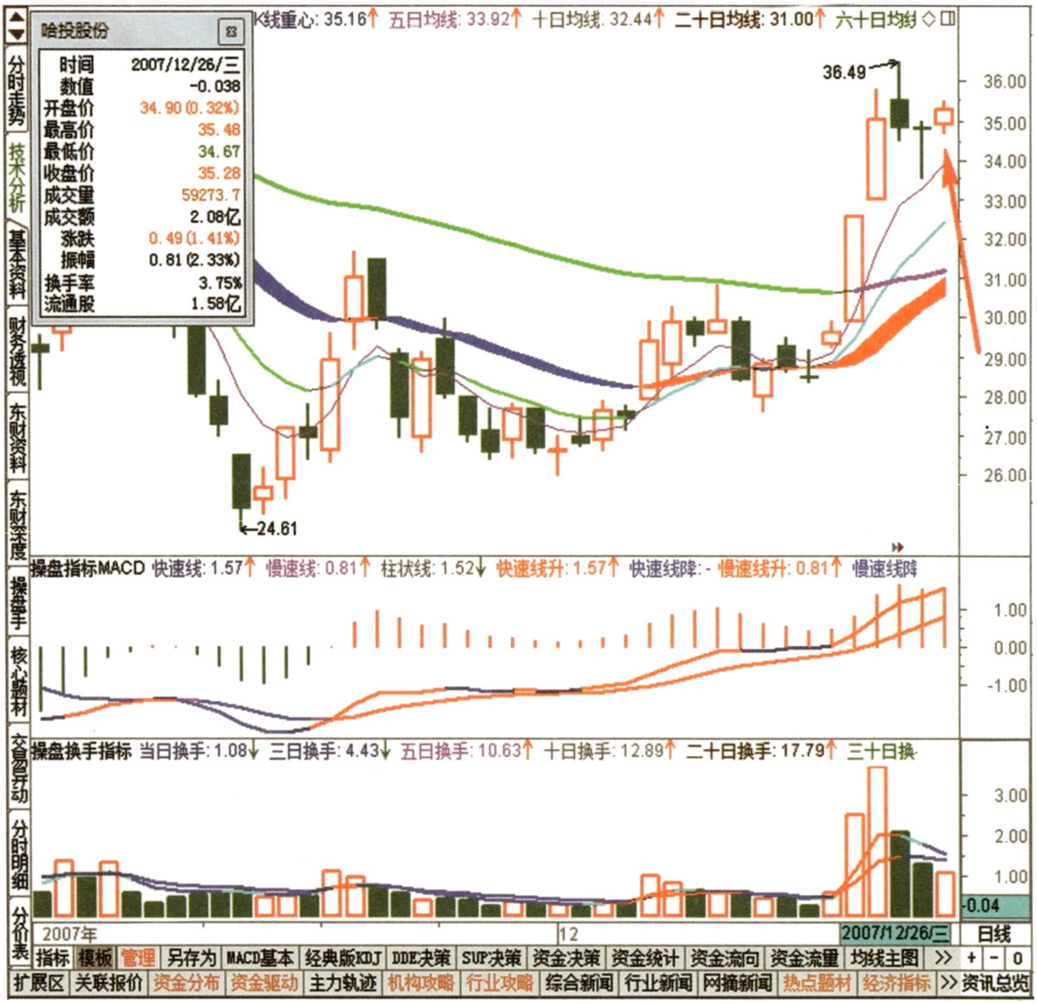

图例067 哈投股份（600864）日K线走势图谱

主力昨日将股价低开低走，盘中在5天均线止跌。中线主力在启动初期的洗盘行情不会以5天均线为标准，10天均线才是中线主力的生命线。因此，今天股价高开后继续展开窄幅整理，并不能说明短线洗盘已经结束。相反，从今天的量价结构来看，主力还无意发动新一轮攻击，洗盘还将继续。既然主力洗盘还未结束，那么，原计划在10天均线介入第二仓位的操盘策略仍然未变。次日仍然密切关注主力的洗盘动作，随时做好加仓准备。量能已经连续两天迅速萎缩，说明主力洗盘下压的空间将极为有限。

【道破涨停天机】实战图谱068

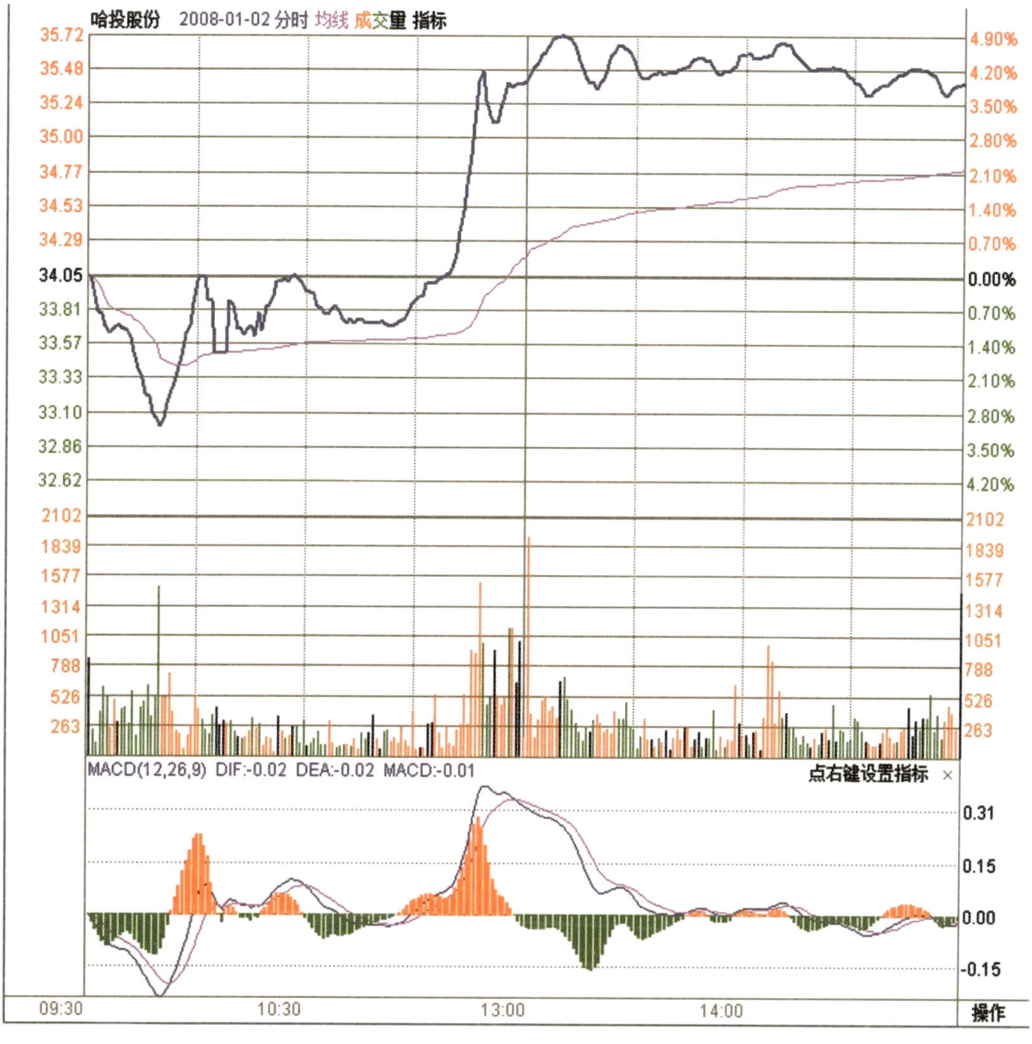

图例068　哈投股份（600864）全天盘口即时走势图谱

先抑后扬，震荡盘升临盘技术判断与操盘决策：

主力在早盘第一时间段高开低走，快速探底，跌幅一度达到3%。这是主力实施的最凶狠的洗盘手法，临盘有最后一跌的味道。主力快速洗盘后，明显在低位受到支撑而展开反弹。

第三时间段后，主力逐步放量攻击，逐波拉高，涨幅接近5%。从盘中走势看，第一阶段洗盘至此可能已经结束。早盘在股价快速打底时，迅速于33与33.30元一线介入第二仓位。

【道破涨停天机】实战图谱069

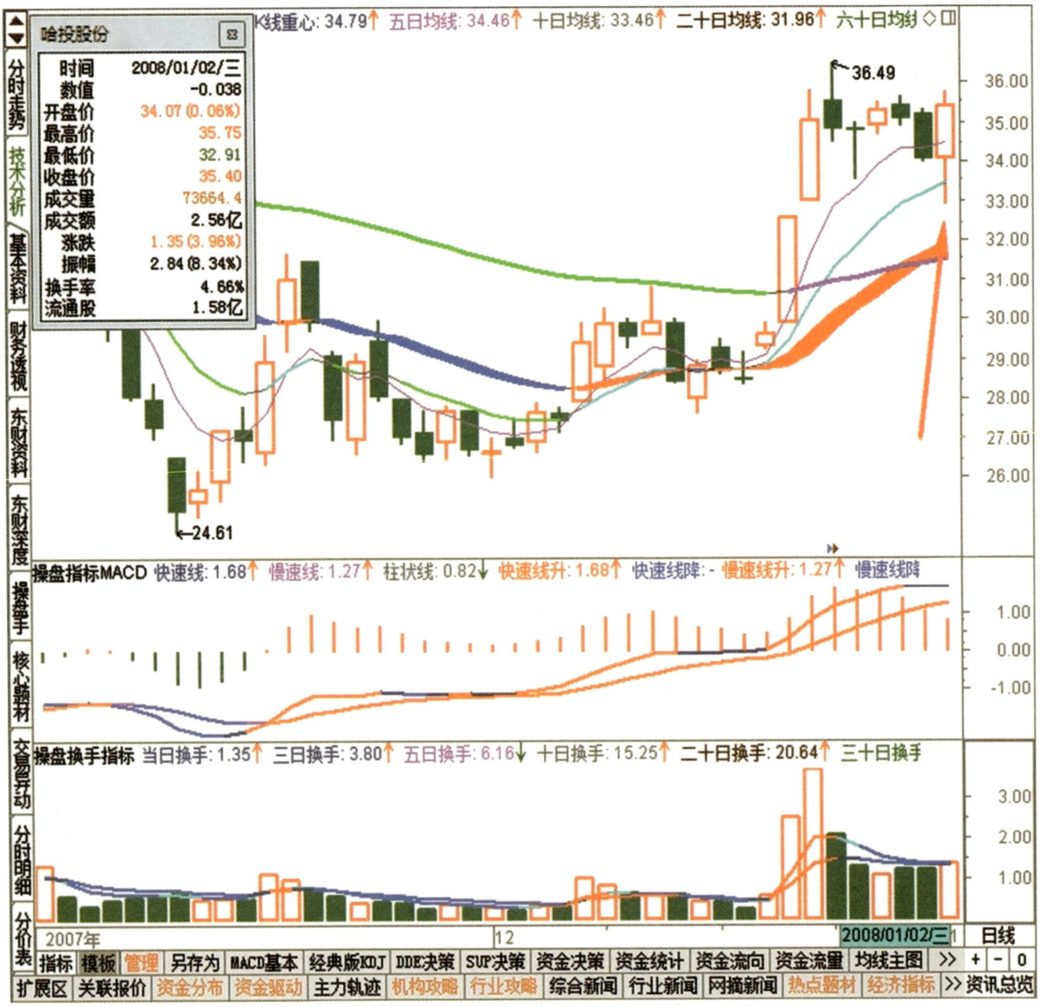

图例069 哈投股份（600864）日K线走势图谱

主力在早盘将股价打压至10天均线之上获得支撑而展开反弹。从股价K线形态看，今日是主力洗盘的第六天，属于江恩的时间周期之窗。量能温和放大，说明主力已经结束了第一阶段的洗盘计划。今日早盘在股价跌至10天均线时果断加入第二仓位，当天即获利 4 个点。良好的操盘习惯和操盘计划是持续盈利的重要保证。主力本次洗盘时间用了六天，说明该股后市的走势将以震荡盘升为主格调。如果后市实施第二阶段洗盘，将不会很快结束。对付该股主力的办法是，每次回调至 10 天均线就是滚动操盘的最佳低吸机会。

【道破涨停天机】实战图谱 070

图例 070　哈投股份（600864）日 K 线走势图谱

昨日股价已经放量攻击突破洗盘以来的高位，以长阳 K 线报收。今天主力在早盘继续高开高走，第一时间段展开一波长波攻击，快速拉高股价。在阶段性拉升行情中，主力如早盘拉升波形过长过快，一般盘中均会展开回落。从上图 K 线系统看，主力早盘拉升后即展开回头波打压。这种状态说明主力第二阶段洗盘已经展开。由于已经全仓介入该股，因此，临盘应密切监控该股回调时的量价变化。

【道破涨停天机】实战图谱 071

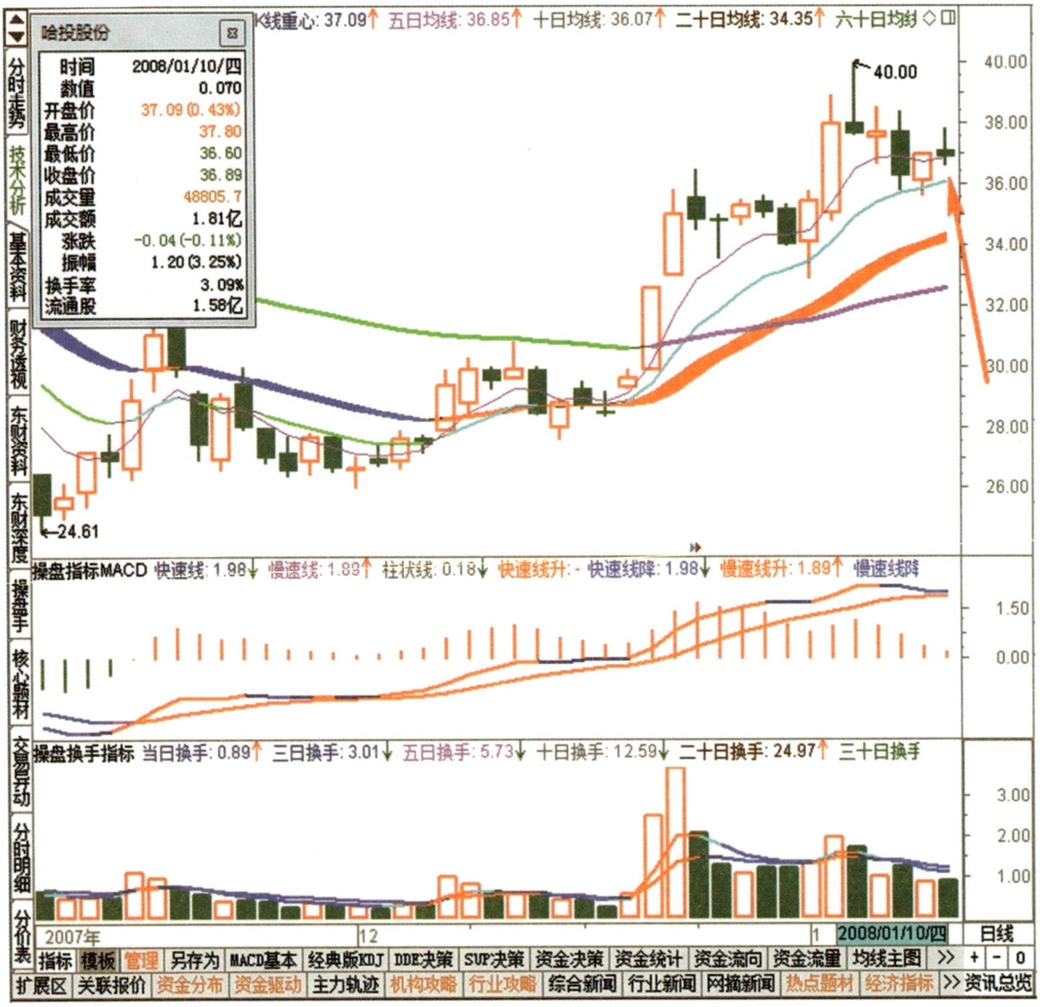

图例 071 哈投股份（600864）日 K 线走势图谱

股价经过四天的连续洗盘，昨日在 10 天均线止跌。今天高开低走，全天围绕昨收盘价进行窄幅整理。量能继续萎缩，说明主力洗盘计划已经接近尾声。从 K 线结合形态看，5 天均线已经失去攻击力，短期内，股价难以向上突破。从第一阶段洗盘时间看，主力用了 6 个交易日。本次洗盘已经进行到第五天，主力是否在明日结束洗盘？10 天均线仍然向上强力攻击，上涨趋势未变，临盘继续持股。主力不会在目前价位停滞不前，更不可能进行出货计划，因此，现阶段持股就是安全的。

【道破涨停天机】实战图谱 072

图例 072　哈投股份（600864）日 K 线走势图谱

主力在早盘高开低走，快速完成震仓。盘中打低至 10 天均线时，股价迅速展开回升。

之前对 10 天均是中线主力的生命线这一论断事实证明是正确的。主力在洗盘的第六个交易日果然展开拉升行情。量比 1 倍以上，量能快速放大，量价结构健康。该股尾盘收市时，主力有小幅打压动作。临盘注意这个打压的细节，有可能是本次洗盘还未完全结束。明日必须关注主力是否在盘中放量攻击。如果滞涨，则要考虑先出局避险。从图中斜线位的角度来看，上升趋势仍然没有改变，临盘仍可安全持股。

【道破涨停天机】实战图谱 073

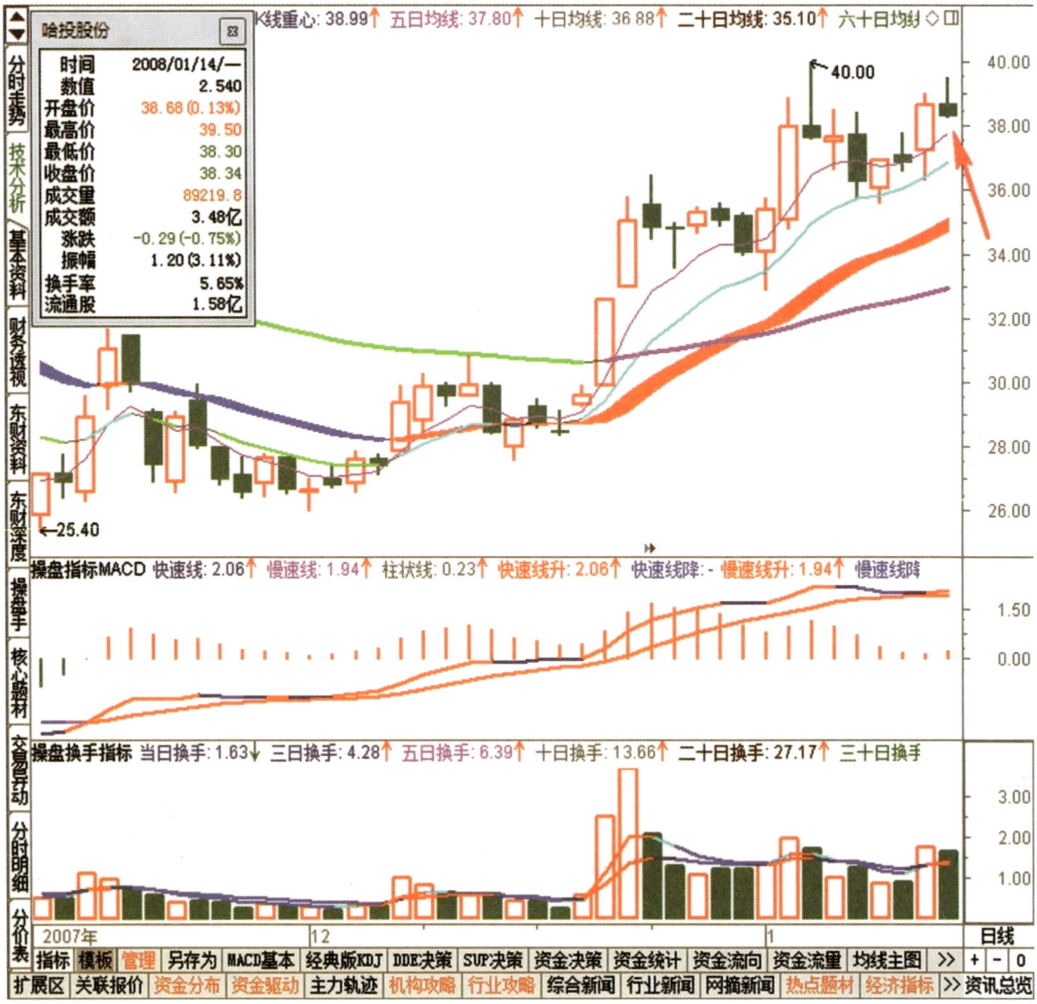

图例 073 哈投股份（600864）日 K 走势图谱

主力在早盘高开高走，震荡盘升。第三时间段股价创出全天新高时没有攻击量的配合。

第四时间段，主力再次实施回头波打压。今天量能持续放大，放量滞涨是不好的信号。根据昨天看盘后给出“盘中放量滞涨就要出局”的应对策略，今日在股价第三时间段无量冲高时出局。如果持股长时间不涨，出局避险也许是最好的操盘策略。这样，可以规避很多不确定性的风险。尤其是在大盘环境恶劣的情况下，更要如此。今天出局均价在39元一线，本次操盘滚动盈利已经接近35%，基本达到预期目标。

【道破涨停天机】实战图谱074

图例074 哈投股份（600864）日K走势图谱

今天主力果然低开开盘，盘中反复震荡。量比只有0.75倍，量能大幅萎缩。从盘中主力操盘手法看，该股的洗盘动作还将持续。最近两天大盘已经出现阶段性状况迹象，面临较大幅度调整。看来，昨天的出局策略是正确的。对于该股而言，中线行情并未结束，后市还有机会。因此，若后市有缘，可以考虑在股价回调到20天均线狙击。

【道破涨停天机】实战图谱075

图例075 哈投股份（600864）日K走势图谱

主力在早盘高开低走，全天以杀跌波形震荡盘跌。看来前日出局的策略十分正确。该股今天收盘时如果击穿10天均线的生命支撑，那么大级别调整将要展开。很多时候，好运气只是留给有准备的人。贪婪和幻想，是股市投资最大的敌人。我们不贪，所以才会有每次操盘都获得巨大成功的机会。该股有中线主力在其中操盘，本波段的目标涨幅还未达到，主力不会善罢甘休。因此，后市该股在 20 天均线企稳，还有较大的行情机会。

【道破涨停天机】实战图谱 076

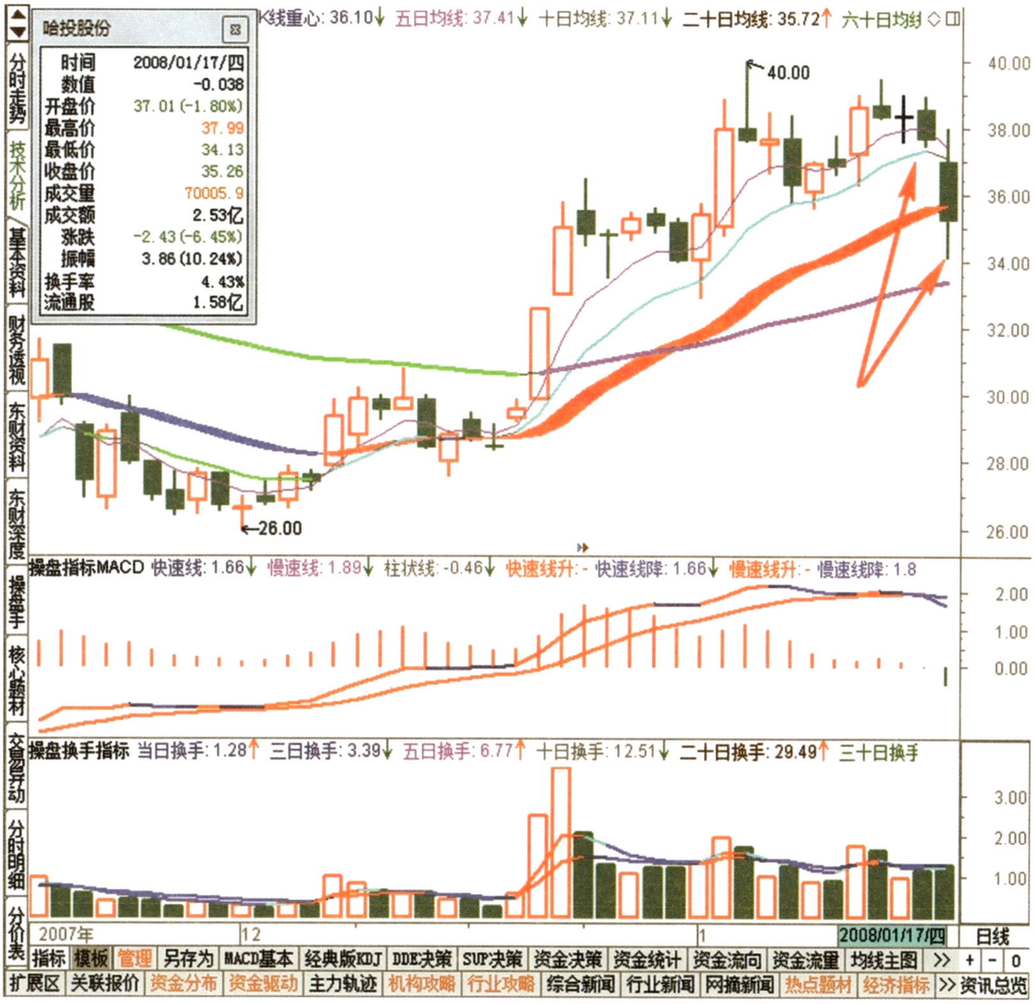

图例 076　哈投股份（600864）日 K 走势图谱

回顾近日的日 K 线系统走势图谱，我们可以发现典型的双顶头部形态。股价在整个拉升行情中形成三波明显的攻击趋势。但从第二波攻击波开始，量能就明显萎缩，可见主力攻击力度减弱，操盘节奏放缓。第三波经过充分调整后攻击，按照常规操盘手法，应该主动放量攻击，但此时量能更小。从上图中我们可以看到，14 日以后成交量呈现逐波萎缩状态。因此，14 日当天就出现攻击乏力的现象，临盘应果断出局。分时系统的 K 线组合战法是短线最经典的战法之一，这在笔者下一部著作《道破短线天机》中会有详细的分析。临盘不盲目幻想，不贪婪，是职业操盘手操盘修炼的基本心法。

第三章

第六时间段涨停

职业操盘培训要点：

（一）了解和掌握第六时间段涨停的主要形式。

（二）了解和掌握第六时间段涨停的操盘意义。

（三）了解和掌握二波涨停的操盘意义。

（四）了解和掌握三波涨停的操盘意义。

（五）了解和掌握多波涨停的操盘意义。

第一节　二波涨停

第六时间段：尾盘 14：30－15：00 分。

第六时间段时间总长度：30 分钟。

狙击时间：

第一关键点：尾盘 14：30－14：45 分。

第二关键点：尾盘 14：45－15：00 分。

狙击涨停秘诀：

第一条：股价早盘高开 3% 以上。放量，量比 2～5 倍。早盘冲高回调后展开反复震荡，第六时间段主力实施二波拉升直接涨停。均价线角度向上，姿态稳定，可以现价大仓位买进。

第二条：股价早盘高开 1% 以上。放量，量比 1～3 倍。股价回调跌破昨收盘价反复震仓，全天在昨收盘价之上反复震荡。第六时间段二波拉升带巨量直接攻击涨停。均价线角度向上，姿态稳定，可以现价大仓位买进。

第三条：股价平开，回调跌破昨收盘价后全天反复震仓，第六时间段主力二波拉升带巨量直接攻击涨停。放量，量比 1 倍以上。当股价第二波直接攻击涨停时，可以现价加码买进。

第四条：股价低开 1%～3% 以内。放量，量比 1 倍以上。股价快速拉升突破昨收盘价后，回调不破开盘价，盘中全天反复震仓。第六时间段以二波拉升方式带巨量直接攻击涨停。均价线角度向上，姿态稳定。当股价第二波直接攻击涨停，最后一笔大卖单被即将吃掉时，可以现价加码买进。

【道破涨停天机】实战图谱 077

巨量攻击，二波涨停临盘技术判断与操盘决策：

主力在早盘低开低走，全天围绕均价线反复震荡。第六时间段以二波攻击操盘手法推高股价。第二波攻击波形过长，不利于次日继续上涨。股价涨停后，封停单量仅有 3582 手，攻击力度稍弱。从综合量能看，全天量能已经急速放大，量价结构仍然健康。此为经典涨停买入信号，主力有启动中级波段行情的操盘计划，临盘应积极介入。

图例 077 抚顺特钢（600399）第六时间段盘口即时走势图谱

【道破涨停天机】实战图谱 078

（一）当日日 K 线操盘技术分析：该股今日放量攻击。从上图中观察，股价在涨停前，已经于 20 天均线之上有过较好的放量蓄势动作。盘中放量涨停，具备中级波段行情的启动特征。右边盘口封停单量仅为 35 万股，攻击力度略有欠缺。量比 2 倍以上，量能配合理想，量价结构十分健康。股价面临 60 天均线阻力，将于未来数日展开反复震仓动作。临盘应坚决买入。如股价回抽时，则在 5 天均线可坚决低吸加仓。

图例 078　抚顺特钢（600399）日 K 线走势图谱

（二）日 K 线操盘策略：股价已经放量上攻，形成向上发动中级波段行情状态。从量价结构看，该股有中线主力在场中控盘，本轮行情属于主力滚动性操盘计划。根据中线主力操盘原则，本轮波段行情的目标升幅以今日涨停价往上至少 30%，即 14 元区间。

【道破涨停天机】实战图谱 079

操盘精要放量对敲，二波涨停临盘技术判断与操盘决策：

主力在早盘低开高走。第四时间段，主力放量对敲拉高股价，形成第一波攻

图例 079　大江股份（600695）第六时间段盘口即时走势图谱

击。第六时间段，主力在进行大角度震仓之后，再次对敲放量，二波攻击涨停。股价涨停时，封停单量达到 8848 手，攻击力度较强。盘中量价结构基本健康。仔细观察，第二波攻击波形过长，次日应还有震仓动作。经典短线买入信号，临盘应积极介入。

【道破涨停天机】实战图谱 080

（一）当日日 K 线操盘技术分析：该股今日放量攻击，尾盘涨停。从上图 K 线系统观察，该股已经进行了四天洗盘。今日涨停是主力结束洗盘动作的重要信号。

图例 080　大江股份（600695）日 K 线走势图谱

同时也说明股价突破 60 天均线后的技术性回调已经结束。均线系统继续大角度向上攻击，新一轮上升行情即将展开。量价结构健康，临盘应及时介入。

（二）日 K 线操盘策略：股价已经明显的中期上升通道。从量价结构看，本次行情量能相较前期建仓阶段略小，说明上升空间有限。针对这一状况，本轮波段行情的目标升幅不宜期望太高。临盘以短线操作为主，后市一旦跌穿 10 天均线则要果断离场。

【道破涨停天机】实战图谱 081

图例 081 中铁二局（600528）第六时间段盘口即时走势图谱

操盘精要震荡盘升，二波涨停临盘技术判断与操盘决策：

主力在早盘高开低走，回调不破昨收盘价。全天在均价线之上温和放量震荡盘升。第四时间段，主力开始放量实施第一波攻击。第六时间段主力以长波攻击手法，二波涨停。股价冲击涨停后，迅速被抛盘打开。盘中量能急速放大，量比 2 倍以上，量价结构基本健康。股价处于底部阶段，盘中涨停开板是主力以退为进的诱空策略。短线买入信号已经出现，主力有启动中级波段行情的操盘计划，临盘应积极介入。

【道破涨停天机】实战图谱 082

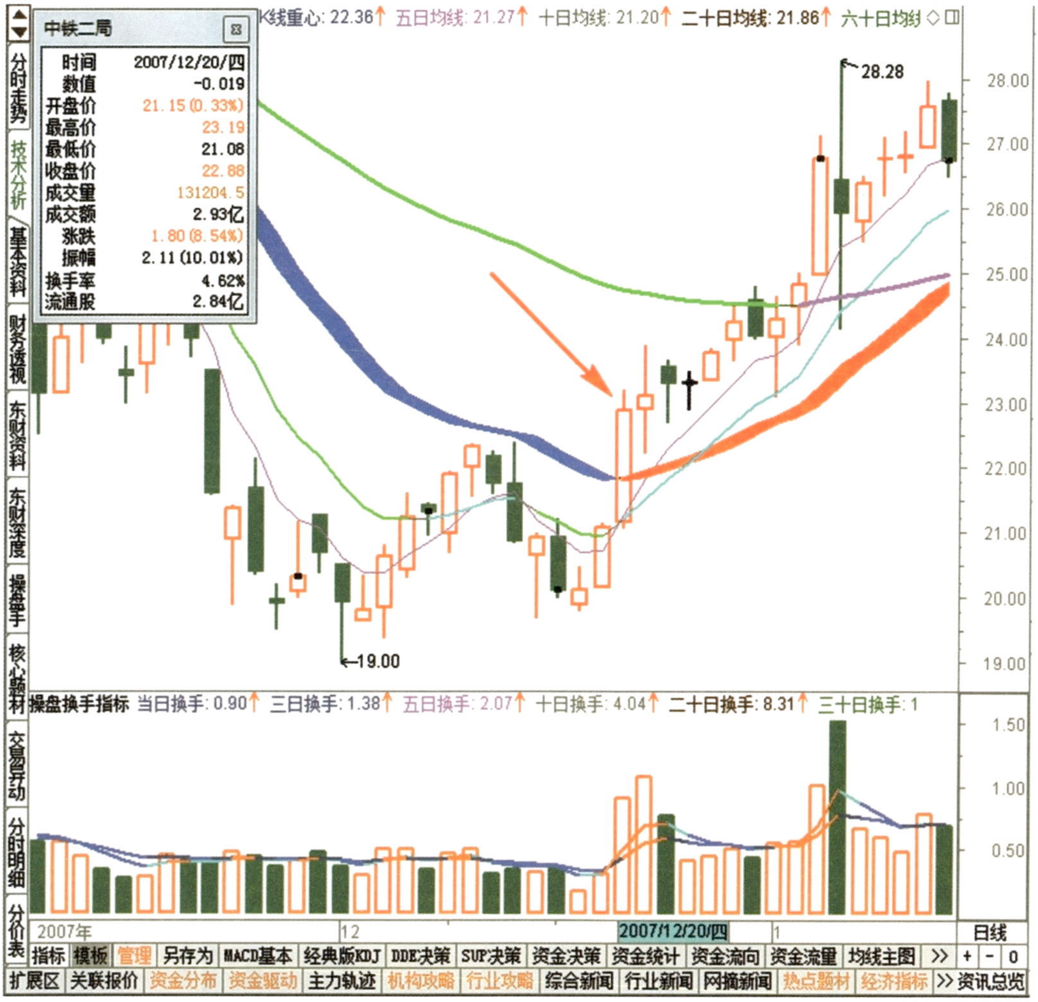

图例 082　中铁二局（600528）日 K 线走势图谱

（一）当日日 K 线操盘技术分析：该股今日放量攻击突破 20 天均线。盘中曾放量涨停，具备底部启动大级别反弹行情的特征。短期均线系统和 KDJ 均形成金叉向上之势，技术形态良好。量比 2 倍以上，量能配合理想，量价结构十分健康。股价突破 20 天均线后，次日将展开技术性回抽。临盘应坚决买入。如股价回抽时，则在 20 天均线可坚决低吸加仓。

（二）日 K 线操盘策略：股价已经放量上攻，形成向上发动大级别反弹行情状态。从量价结构看，该股有中长线主力在场中控盘，本轮行情属于主力滚动性操盘计划。根据中线主力操盘原则，本轮反弹行情的目标升幅在第一阻力区附近，临盘仅考虑短线于20天均线之上布局。如后市股价跌穿10天均线则果断离场。

【道破涨停天机】实战图谱083

图例083 兴蓉投资（000598）第六时间段盘口即时走势图谱

操盘精要拉高震仓，二波涨停临盘技术判断与操盘决策：

主力在早盘高开高走，以二波攻击态势放量拉升。股价冲击涨停时，主力迅速开板回调，展开打压震仓。全天股价在均价线之上反复震荡，量能萎缩较好。这种现象说明主力已经收放自如，能较好地控制量价节奏了。第六时间段，主力果断实施瞬间涨停手法。股价涨停后，封停单量仅有 2688 手，攻击力度稍弱。从综合量能看，全天量能已经急速放大，量价结构仍然健康。短线买入信号，临盘应积极介入。

【道破涨停天机】实战图谱 084

图例 084　兴蓉投资（000598）日 K 线走势图谱

（一）当日日 K 线操盘技术分析：该股今日高开高走放量攻击。从上图中观察，股价在涨停前，已经于 20 天均线之上有过较好的放量蓄势动作。盘中放量涨停，具备中级波段行情的启动特征。盘口封停单量仅为 32 万股，攻击力度略有欠缺。量比 3 倍以上，量能配合理想，量价结构十分健康。股价突破 60 天均线后，将于未来数日展开反复震仓动作。临盘应坚决买入。如股价回抽时，则在 60 天均线可坚决低吸加仓。

（二）日 K 线操盘策略：股价已经放量上攻，形成底部启动上涨行情状态。从量价结构看，该股有中线主力在场中控盘，本轮行情属于主力滚动性操盘计划。根据中线主力操盘原则，本轮波段行情的目标升幅以今日涨停价往上大约 30%，即 19 元附近。

第二节　三波涨停

第六时间段：尾盘 14：30－15：00 分。

第六时间段时间总长度：30 分钟。

狙击时间：

第一关键点：尾盘 14：30－14：45 分。

第二关键点：尾盘 14：45－15：00 分。

狙击涨停秘诀：

第一条：股价高开 3% 以上。放量，量比 2～5 倍。早盘拉升后回调至均价线全天反复震荡，并出现尖角冲击波形，第六时间段三波拉升攻击涨停。均价线角度向上，姿态稳定可以现价大仓位买进。

第二条：股价高开 1% 以上。放量，量比 1～3 倍。早盘回调跌破昨收盘价后全天反复震仓，并出现尖角冲击波形，第六时间段主力三波拉升带巨量直接攻击涨停。均价线角度向上，姿态稳定，可以现价大仓位买进。

第三条：股价平开。回调跌破昨收盘价后全天反复震仓，并出现尖角冲击波形，第六时间段三波拉升带巨量直接攻击涨停。放量，量比 1 倍以上。当股价第三波直接攻击涨停时，可以现价加码买进。

第四条：股价低开 1%～3% 以内。量比 1 倍以上。早盘拉升突破昨收盘价后，回调不破开盘价，全天围绕均价反复震仓，并出现尖角冲击波形。第六时间段三波拉升带巨量直接攻击涨停。均价线角度向上，姿态稳定。当股价第三波直接攻击涨停，最后一笔大卖单被即将吃掉时，可以现价加码买进。

【道破涨停天机】实战图谱 085

图例 085 湖北广电（000665）第六时间段盘口即时走势图谱

操盘精要放量拉升，三波涨停临盘技术判断与操盘决策：

主力在第五时间段开始放量攻击推高股价。第六时间段继续形成三波攻击并果断涨停。

但第三波攻击波形过长，不利于次日继续上涨。股价涨停后，封停单量为 1488 手。全天量能已经急速放大，量价结构仍然健康。经典涨停买入信号，主力有启动中级波段行情的操盘计划，临盘应积极介入。

【道破涨停天机】实战图谱 086

图例 086　湖北广电（000665）日 K 线走势图谱

（一）当日日 K 线操盘技术分析：该股今日放量攻击，一举突破 20 天均线。从上图中观察，股价自 11 元高位下跌以来，做空动能已经释放完毕。股价下跌时，量能一直萎缩至地量，说明主力仍未出货。今日股价盘中涨停，说明是主力滚动操盘。盘中放量涨停，具备中级波段行情的启动特征。量比 6 倍以上，量能配合理想，量价结构十分健康。股价突破 20 天均线后，将于未来数日展开技术性回抽。临盘应坚决买入。如股价回抽时，则在 5 天均线可坚决低吸加仓。

（二）日 K 线操盘策略：股价已经放量上攻，形成向上发动中级波段行情状态。从量价结构看，该股有中线主力在场中控盘，本轮行情属于主力滚动性操盘计划。根据中线主力操盘原则，本轮波段行情的目标升幅以今日涨停价往上至少30%，即10元区间。

【道破涨停天机】实战图谱087

图例087　海南航空（600221）第六时间段盘口即时走势图谱

操盘精要震荡盘升，三波涨停临盘技术判断与操盘决策：

主力在午盘后将股价推高于均价线之上，形成攻击之势。第六时间段股价三波涨停。第三波攻击波形过长，次日必然展开震仓。股价涨停后，上档抛压极大，涨停被反复开板。从综合量能看，全天量能已经急速放大，量价结构仍然健康。短线买入信号，临盘应积极介入。

【道破涨停天机】实战图谱 088

图例 088 海南航空（600221）日 K 线走势图谱

（一）当日日 K 线操盘技术分析：该股昨日放量上涨，并再次突破 60 天均线。K 线组合形态已经形成攻击型上升趋势，量价结合较好。今日盘中放量涨停，具备中级波段行情的持续上涨特征。右边盘口显示主力仍无法完全封住涨停板，攻击力度略有欠缺。量比 2 倍以上，量能配合度比较理想。股价继续上行，将面临 13 元一线的前高阻力区。如果是中长线主力操盘，则会采取以时间换空间的策略，后市以震荡盘升格调为主。临盘应坚决买入。如股价回抽时，则在 5 天均线可坚决低吸加仓。

（二）日 K 线操盘策略：股价已经放量上攻，并运行在中级上升通道之中。从量价结构看，该股有中长线主力在场中控盘，本轮行情属于主力滚动性操盘计划。根据中线主力操盘原则，如后市顺利突破 13 元阻力区，则行情可能会发生质变。

【道破涨停天机】实战图谱 089

图例 089 高新发展（000628）第六时间段盘口即时走势图谱

操盘精要震荡盘升，三波涨停临盘技术判断与操盘决策：

主力在尾盘突然放量形成典型三波攻击涨停。封停后，盘口迅速开板诱空。成交量迅速放大。盘中筹码松动迹象明显。股价短暂开板后，主力再次迅速封住涨停，封单量达到214万股。量比1倍以上，量价结构十分健康。股价经历前几日的下跌后，今日尾盘涨停是主力发动短线反弹行情的重要信号。由于股价尾盘涨停时显露巨大抛压，次日主力必然展开震仓。短线经典买入信号，如次日调整，临盘应积极择低加仓。

【道破涨停天机】实战图谱090

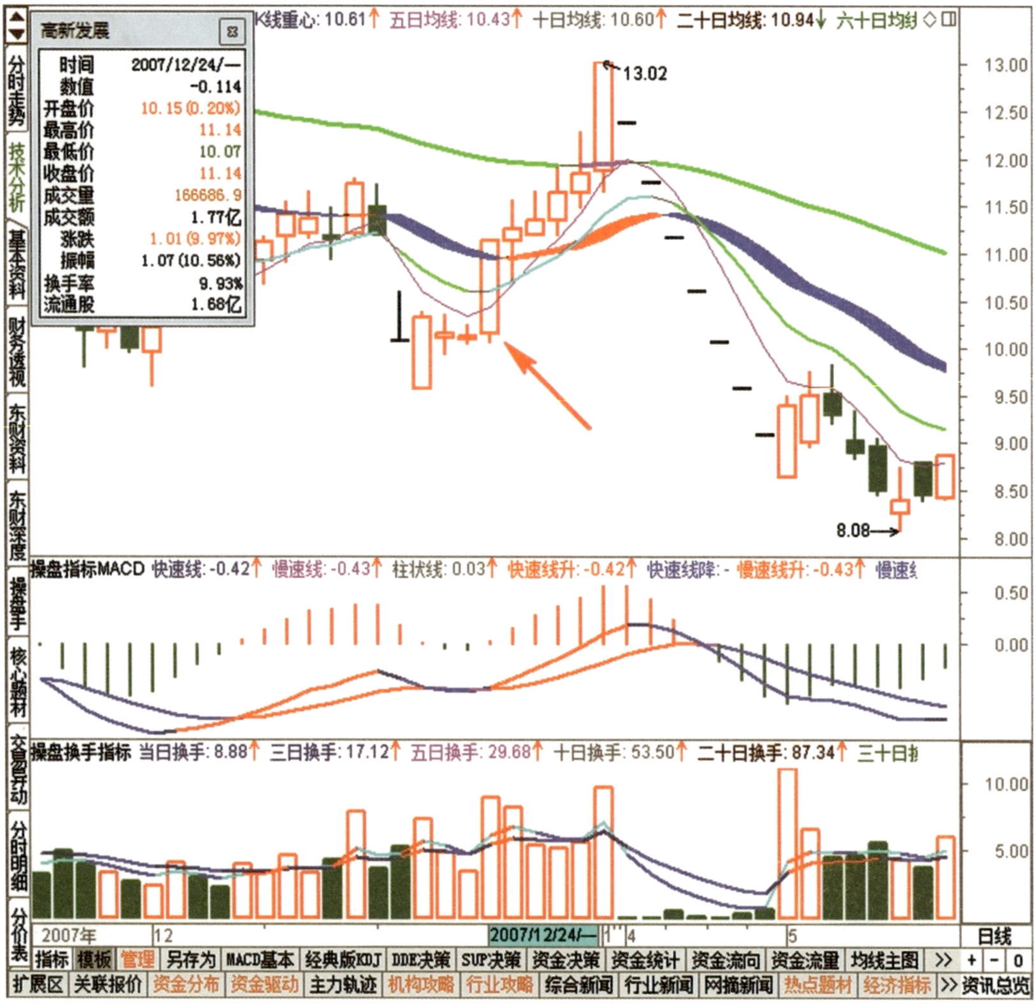

图例090　高新发展（000628）日K线走势图谱

（一）当日日K线操盘技术分析：该股前几日放量下跌，并创出新低。之后连续四连阳的K线组合，说明股价的中期大底已经形成。今日盘中放量涨停，属于底部强势反弹技术特征。日线 MACD 指标处于低位向上金叉状态，有力地支持了股价反弹行情的延续。盘口封停单量达到 214 万股，攻击力度较强。量比 1 倍以上，量价结构健康。从上图中的技术形态看和量价结构看，有短线主力在其中悄悄建仓。临盘应坚决买入。如股价回抽时，则在 3 天均线可坚决低吸加仓。

（二）日 K 线操盘策略：股价在底部已经放量形成强势反弹状态。从量价结构看，该股有短线主力在场中建仓。本次反弹行情同时说明主力已经构筑中期大底，操盘计划正在紧锣密鼓进行之中。根据中线主力操盘原则，强势反弹的第一目标位应在 60 天均线，即 13 元区间。临盘以短线操作为主，如基本面不出问题，量价配合理想，再考虑中线加仓。

【道破涨停天机】实战图谱 091

图例 091　美尔雅（600107）第六时间段盘口即时走势图谱

操盘精要震荡盘升，三波涨停临盘技术判断与操盘决策：

主力早盘高开低走，回调不破昨收盘价。快速完成震仓定式后，主力于第二时间段将股价放量拉升于均价线之震荡盘升。第五时间段末段，主力再次发力巨量攻击，并于第六时间段实现三波涨停。第三波攻击波形过长，导致股价涨停后被抛盘迅速打开。成交量急速放大，可见盘中抛盘汹涌。主力在短暂后再次将股价封停，但封单量仅为4452手，攻击力度稍弱。从综合量能看，量比3倍以上，全天量能已经急速放大，量价结构仍然健康。该股次日仍有震仓过程，以化解今日盘中的抛售压力。短线买入信号，临盘应积极介入。

【道破涨停天机】实战图谱 092

图例 092 美尔雅（600107）日 K 线走势图谱

（一）当日日 K 线操盘技术分析：该股技术形态显示，股价已经形成双重大底，具备中期底部特征。今日放量攻击，一举突破 20 天均线的压制。从形态特征看，股价、成交量、指标已经形成共振状态。因此，今日上涨是有效突破形态。股价有形成中期波段行情的可能。

但盘中抛压较大，股价尾盘涨停时，封停单量仅为 44 万股，上攻力度略有欠缺。该股自去年以来，一直有中线主力在盘中主持大局。本次上涨，不排除是原主力滚动操盘的结果。预计后市将以震荡盘升格调为主，临盘应坚决买入。如果股价回抽时，则在 5 天均线附近坚决低吸加仓。

（二）日 K 线操盘策略：股价已经放量形成向上突破之势。从量价结构看，该股有中线主力在场中控盘，本轮行情属于主力滚动性操盘计划。根据中线主力操盘原则，如后市顺利突破 60 天均线，则第一波段目标价格大约在 24 元附近。临盘先以短线操盘策略介入。后市该股量价配合理想时，再考虑中线加仓持有。

【道破涨停天机】实战图谱 093

图例 093 天利高新（600339）第六时间段盘口即时走势图谱

操盘精要震荡盘升，三波涨停临盘技术判断与操盘决策：

主力早盘震仓之后，全天基本维持震荡盘升之势。第五时间段突然发力，至第六时间段最终形成三波涨停。股价涨停后，主力迅速开板诱空。股价开板幅度控制在0.5%以内，盘中量能急速放大。短暂开板后，主力随即瞬间再次封停。封停单量达到152万股，量比2倍以上，量价结构非常健康。主力在尾盘以三波涨停，一方面有偷袭得手的味道，另一方面也显露本身实力一般。股价封停后，仍不断有大单成交，盘中存在较大抛压，次日必然震仓诱空。短线经典买入信号，临盘应积极介入。

【道破涨停天机】实战图谱094

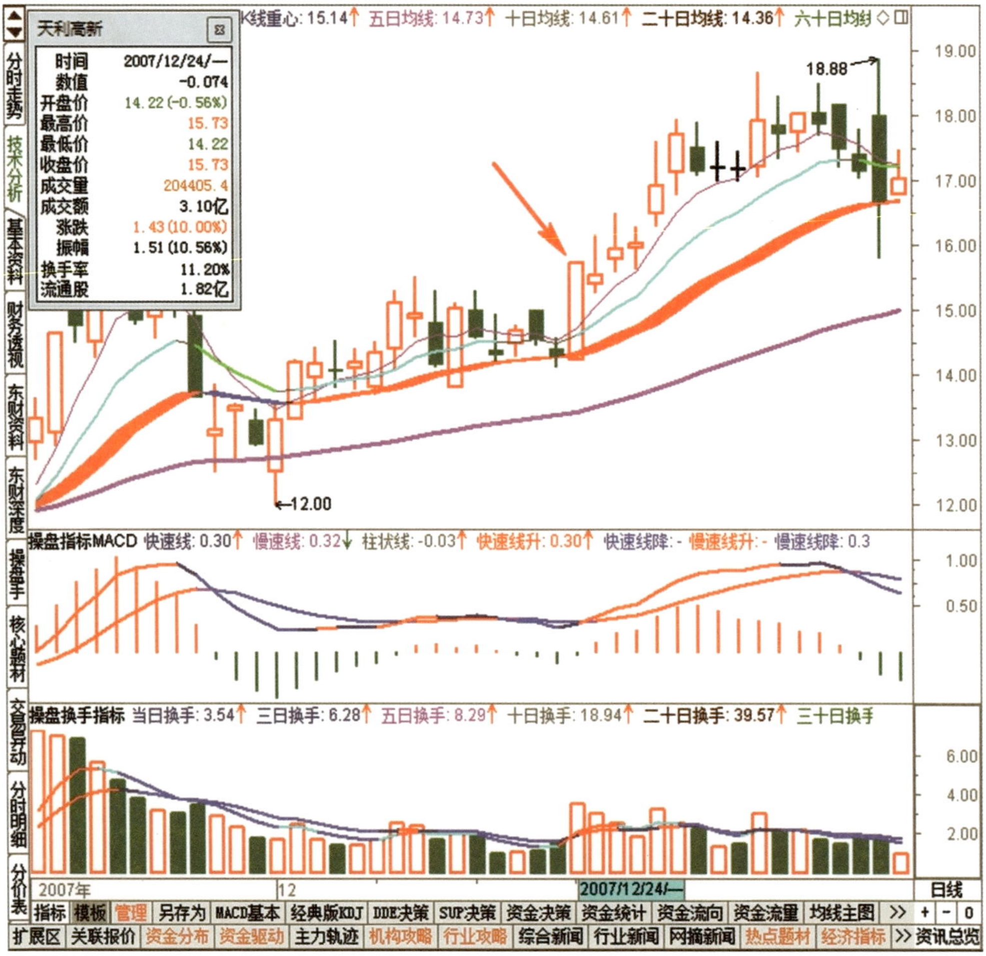

图例094　天利高新（600339）日K线走势图谱

（一）当日日 K 线操盘技术分析：该股自 11 月份从高位回调以来，已经在 60 天均线之止形成一个上升中级三角形态。均线系统全部呈现向上攻击状态。前期股价创出 16 元新高后，原主力仍在盘中滚动操盘。K 线组合形态已经形成攻击型上升趋势，量价结合较好。

今日盘中放量涨停，说明主力已经发动第二波段拉升行情。右边盘口显示主力封单量达到 152 万股，攻击力度较强，做盘决心巨大。量比 2 倍以上，量能配合度比较理想。临盘应坚决买入。如股价回抽时，则在 5 天均线可坚决低吸加仓。

（二）日 K 线操盘策略：股价已经放量上攻，并运行在中级三角形上升通道之中。从量价结构看，该股有中线主力在场中控盘。主力有发动第二轮波段行情的操盘计划，本轮行情属于主力滚动性操盘。前一波段拉升幅度为 30%，本次拉升幅度预计比前期略低，为 20% 左右，即 18 元区间。

【道破涨停天机】实战图谱 095

图例 095　弘业股份（600128）第六时间段盘口即时走势图谱

操盘精要震荡盘升，三波涨停临盘技术判断与操盘决策：

主力在第六时间段形成典型三波攻击涨停。涨停波形比较紧凑，节奏感极强。这种状态一般为超级主力所为，操盘手法比较成熟稳重。股价从拉升到涨停，一气呵成，没有任何拖泥带水的痕迹。涨停后，封停单量达到 40983 手，封停坚决，并不给当天跟风盘抢钱的机会。

量比 1 倍以上，量价结构十分健康。短线经典买入信号，临盘应积极介入。

【道破涨停天机】实战图谱 096

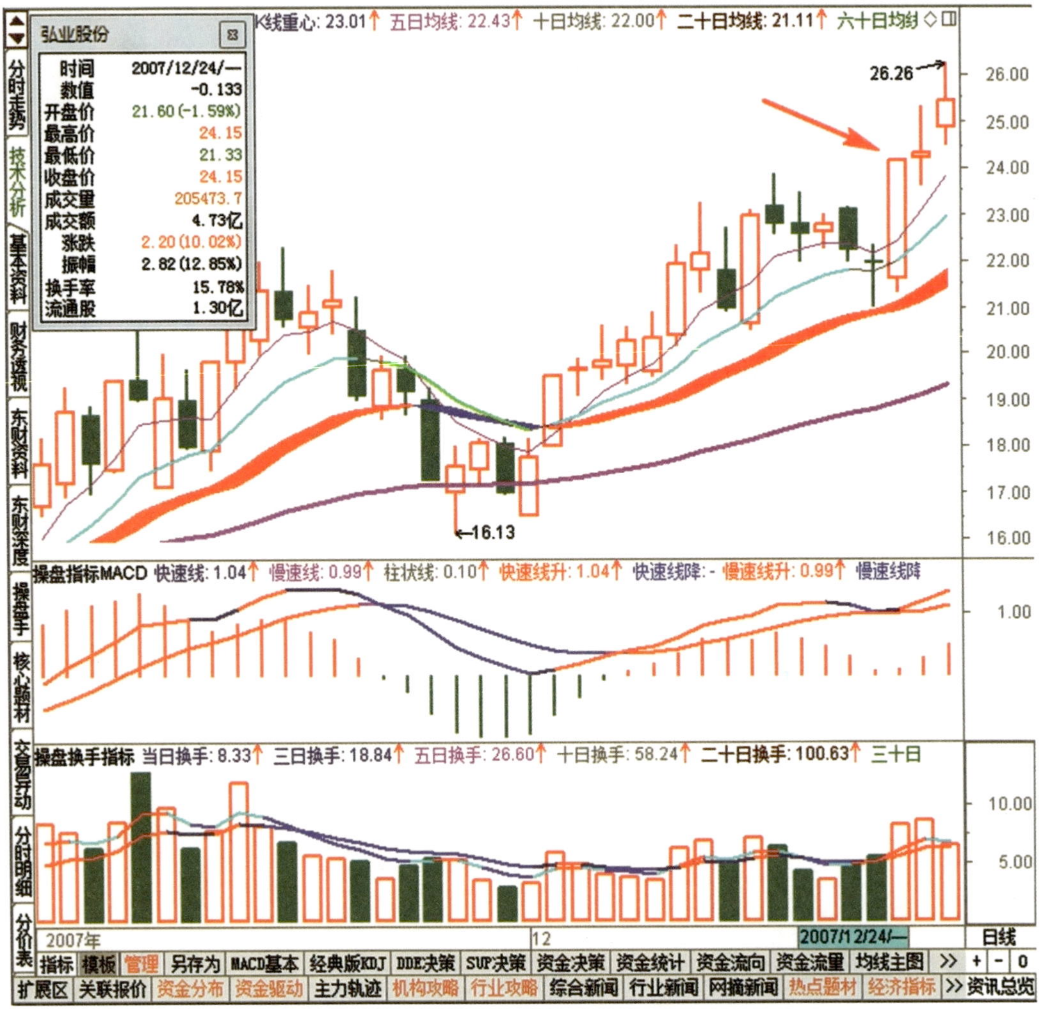

图例 096 弘业股份（600128）日 K 线走势图谱

（一）当日日 K 线操盘技术分析：该股自 11 月初突破 60 天均线以来，盘中呈现中线主力高位建仓特征。股价形态显示中级波段拔高状态，并持续放量，换手相当充分。今日该股在经历五天的洗盘后再次带量攻击，形成中继拉升趋势。盘中一举创出新高并涨停。股价敢于高位涨停，说明主力目标还在更高。量价配合健康，新一轮加速行情已经出现。一般情况下，股价突破历史或阶段行情新高后均会展开技术性回抽。临盘应坚决买入。如股价回抽时，则在 5 天均线可坚决低吸加仓。

（二）日 K 线操盘策略：股价已经放量上攻，并运行在中级上升通道之中。从量价结构看，本轮行情属于主力滚动性拉高操盘计划。根据中线主力操盘原则，如后市突破新高后，预计还有 30% 左右的升幅，即目标价格在 30 元区间。

【道破涨停天机】实战图谱 097

图例 097 四川路桥（600039）第六时间段盘口即时走势图谱

操盘精要震荡盘升，三波涨停临盘技术判断与操盘决策：

主力全天将股价维持在均价线上下震荡。第五时间段突然发力放量攻击，至第六时间段完成三波涨停定式股价在第三波涨停时，有过较好的震仓动作。至收盘前10分钟，主力瞬间封停，封停单量达到167万股。这种涨停状态，是主力典型的“做价”行为。“做价”是指主力在操盘计划中，实施当天目标收盘价格。通常情况下，尾盘做价之后，阶段性的目标高点即将出现。量比1倍以上，量价结构仍然健康。短线买入信号，临盘应积极介入。

【道破涨停天机】实战图谱 098

图例098　四川路桥（600039）日K线走势图谱

（一）当日日 K 线操盘技术分析：该股昨日高开低走，放量震仓。今日盘中再次放量涨停，经典短线闪电式攻击形态。从量能结构看，近三天量能呈现逐级萎缩的现象，进一步攻击力度在减弱。盘口显示主力尾盘 10 分钟涨停，有“做价”的嫌疑。如果主力“做价”，则该股进一步上涨的空间将受到限制，未来数日内必然展开调整。量比 1 倍以上，量能配合度仍然比较理想。股价继续上行，将面临 10 元一线的前平台阻力区。临盘应坚决买入。如股价次日冲高回落时则抛出。后市该股洗盘回抽时，则在 10 天均线可狙击，进行滚动操作。

（二）日 K 线操盘策略：股价进一步放量攻击，已经形成短线上升通道之中。从量价结构看，该股主力已经提前在 1 个月前建仓。本轮行情属于短线突击型拔高特征，主力有意脱离底部区域，抬高价格中枢。根据短线主力操盘原则，目标升幅以突破 60 天均线为测量值，向上 30% 左右，即 11 元区间。

第三节　多波涨停

第六时间段：尾盘 14：30 - 15：00 分。

第六时间段时间总长度：30 分钟。

狙击时间：

第一关键点：尾盘 14：30 - 14：45 分。

第二关键点：尾盘 14：45 - 15：00 分。

狙击涨停秘诀：

第一条：股价高开 3% 以上。放量，量比 2 ~ 5 倍。回调不破昨收盘价。早盘拉升至开盘价以上回调不破均价线，全天反复震荡多波盘升，并出现尖角冲击波形。第六时间段果断攻击涨停。均价线角度向上，姿态稳定，可以现价大仓位买进。

第二条：股价高开 1% 以上。放量，量比 1 ~ 3 倍。股价回调跌破昨收盘价后快速震仓，全天反复震荡多波盘升，并出现尖角冲击波形。第六时间段果断放量攻击涨停。均价线角度向上，姿态稳定，可以现价大仓位买进。

第三条：股价平开。回调跌破昨收盘价后快速震仓，全天反复震荡多波盘升，并出现尖角冲击波形。第六时间段果断放量攻击涨停。量比 1 倍以上。可以现价加码买进。

第三条：股价低开1%～3%以内。放量，量比1倍以上。早盘快速拉升突破昨收盘价后，回调不破开盘价，股价全天反复震荡多波盘升，并出现尖角冲击波形。第六时间段果断放量攻击涨停。均价线角度向上，姿态稳定。当股价最后一波涨停，最后一笔大卖单被即将吃掉时，可以现价加码买进。

【道破涨停天机】实战图谱 099

图例099 德豪润达（002005）第六时间段盘口即时走势图谱

操盘精要震荡盘升，多波涨停临盘技术判断与操盘决策：

主力全天将股价维持震荡盘升格局。攻击波形出现呆滞型脉冲波形结构，说明该股已经被中线主力控盘。第四时间段，主力正式发力放量冲击至涨停板附近，随即展开震仓。第六时间段实施瞬间涨停操盘手法。股价涨停后，主力故意在盘中反复开板诱空。主力高度控盘的品种在启动初期，盘中涨停开板是典型的诱空动作。其目的是故意做出一幅上涨无力的样子，以恐吓场中散户抛出并阻止场外跟风盘跟进。量比 2 倍以上，量价结构仍然健康。短线经典买入信号，临盘应积极介入。

【道破涨停天机】实战图谱 100

图例 100　德豪润达（002005）日 K 线走势图谱

（一）当日日 K 线操盘技术分析：该股已经在 60 天均线之上形成一个长达四个月的大平台。曾经三次下破 60 天均线均被主力拉回，说明该股已经被中线主力控盘。股价在上涨前，曾再度下跌诱空。目前 K 线组合形态已经形成攻击型上升趋势，量价结合较好。今日盘中放量涨停，具备中级波段行情的持续上涨特征。盘口显示主力无法完全封住涨停板，有开板诱空的嫌疑。量比 2 倍以上，量能配合度比较理想。盘中有中线主力控盘，后市以震荡盘升格调为主。临盘应坚决买入。如股价次日回抽时，则在 5 天均线可坚决低吸加仓。

（二）日 K 线操盘策略：股价已经放量上攻，并形成了短期上升通道。从量价结构看，该股有中长线主力在场中控盘，本轮行情属于主力滚动性操盘计划。根据中线主力操盘原则，本次行情升幅以今日涨停价往上至少 40%，即 19 元区间。

【道破涨停天机】实战图谱 101

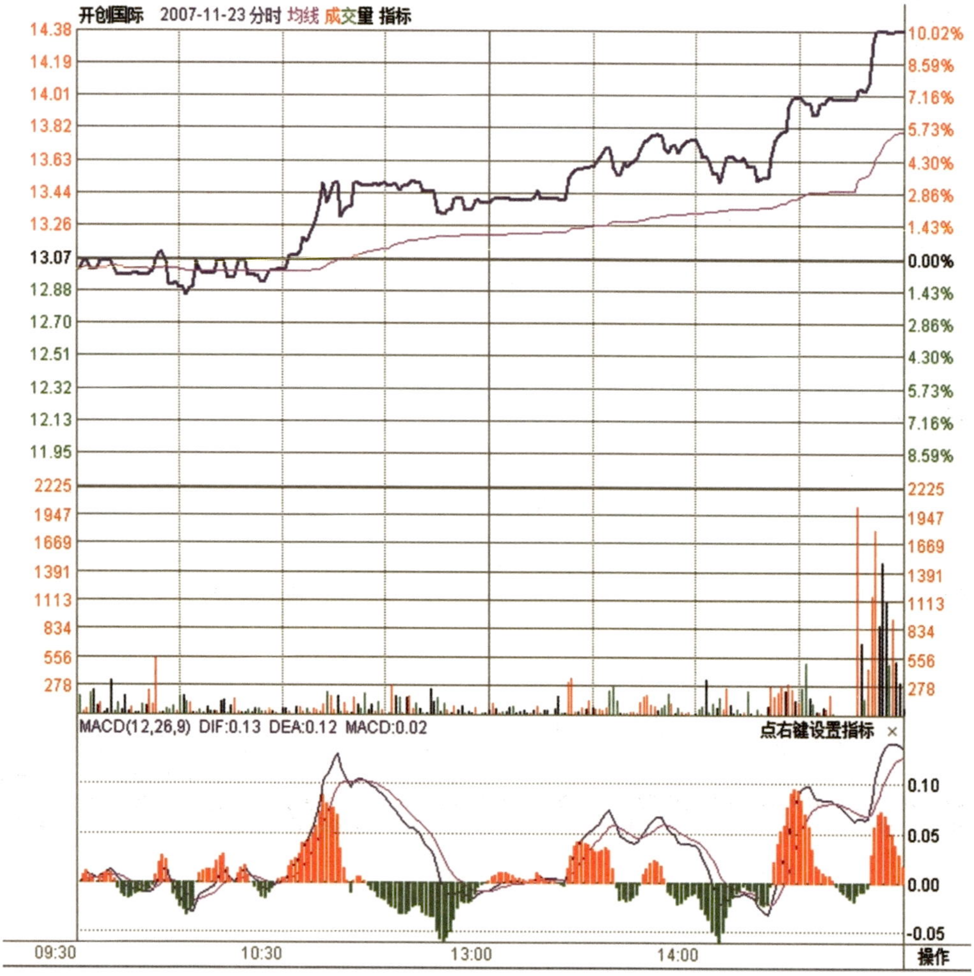

图例 101　开创国际（600097）第六时间段盘口即时走势图谱

操盘精要震荡盘升，多波涨停临盘技术判断与操盘决策：

主力全天将股价维持震荡盘升格局，多波震荡攻击操盘定式。攻击波形出现呆滞型脉冲波形结构，说明该股已经被中线主力控盘。第五时间段，主力正式发力放量冲击。第六时间段实施瞬间涨停操盘手法，快速涨停。股价涨停后，主力故意在盘中瞬间开板诱空。主力高度控盘的品种在运行在震荡盘升中期，盘中涨停开板是典型的诱空动作。其目的是故意做出一幅上涨无力的样子，以恐吓场中散户抛出并阻止场外跟风盘跟进。量比 1 倍以上，量价结构十分健康。短线经典买入信号，临盘应积极介入。

【道破涨停天机】实战图谱 102

图例 102 开创国际（600097）日 K 线走势图谱

（一）当日日 K 线操盘技术分析：该股从 10 元区间放量上涨以来，已经形成一个中期上升通道。主力一方面拔高建仓滚动操盘，一方面采取进三退一的模式震荡盘升。今日盘中放量涨停，说明前阶段股价过顶前的洗盘动作已经结束。股价自 11 月 13 日震荡盘升以来没有放量，说明该股已经被中线主力控盘。当天涨停量，右边盘口显示主力封盘量较小，后市展开大幅度攻击的可能性亦较小。按照该股主力的操盘风格，采用碎步慢牛震荡盘升的格局是行情的主基调。量比 1 倍以上，量能配合度比较理想。临盘应坚决买入。如股价次日回抽时，则在 5 天均线可坚决低吸加仓。

（二）日 K 线操盘策略：股价已经放量上攻，并形成了中期大上升通道。从量价结构看，该股有中长线主力在场中控盘，本轮行情属于主力滚动性操盘计划。主力采用进三退一的操盘节奏，本次波段行情不宜期望太高。根据中线主力操盘原则，行情升幅以今日涨停价往上至少 30%，即 18 元区间。

【道破涨停天机】实战图谱 103

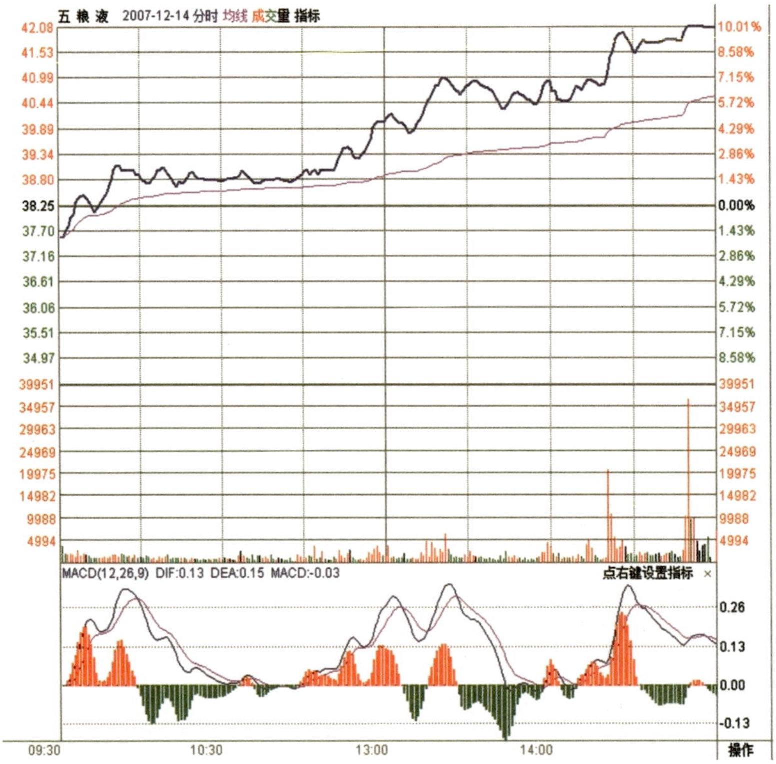

图例 103 五粮液（000858）第六时间段盘口即时走势图谱

操盘精要震荡盘升，多波涨停临盘技术判断与操盘决策：

主力早盘低开高走，全天将股价维持震荡盘升格局。攻击波形出现尖角状冲击波形结构，说明主力投入大资金滚动操盘。第五时间段，主力正式发力放量冲击至涨停板附近，随即展开震仓。第六时间段实施瞬间涨停操盘手法。股价涨停后，主力故意在盘中反复开板诱空。

股价突破重要阻力位，主力在涨停位置的开板也是典型的诱空行为。量比 1 倍以上，量价结构仍然健康。短线经典买入信号，临盘应积极介入。

【道破涨停天机】实战图谱 104

图例 104 五粮液（000858）日 K 线走势图谱

（一）当日日K线操盘技术分析：该股经过60天均线回调蓄势之后，今天放量突破。

目前K线组合形态已经形成攻击型上升趋势，量价结合较好。今日盘中放量涨停，具备中级波段行情的持续上涨特征。盘口显示主力无法完全封住涨停板，有开板诱空的嫌疑。量比1倍以上，量能配合度比较理想。盘中有中线主力滚动操盘，后市以震荡盘升格调为主。临盘应坚决买入。如股价次日回抽时，则在60天均线可坚决低吸加仓。

（二）日K线操盘策略：股价已经放量上攻，并形成了短期上升通道。从量价结构看，该股有长线主力在场中滚动性操盘。该股历来股性比较温和，上涨步伐比较缓慢，本轮行情不宜期望太高。根据长线主力操盘原则，本轮行情第一波升幅以今日涨停价往上约20%左右，即50元区间。如有系统风险，则另行处理。

【道破涨停天机】实战图谱105

图例105　六国化工（600470）第六时间段盘口即时走势图谱

操盘精要震荡盘升，多波涨停临盘技术判断与操盘决策：

主力早盘高开低走，第三时间段回到昨收盘价之上后，股价温和放量拉升。午盘后，主力进一步将股价维持震荡盘升趋势，温和带量推高。攻击波形出现尖角状冲击波形结构，说明主力还在投入巨资推高操盘。第六时间段，主力在临近收盘时再度发力放量涨停。从主力在尾盘收市时的涨停动作看，存在较大的“做价”嫌疑。主力做价的目的意在抬高跟风盘的进入成本。但必然会导致技术性的休整与修正。因此，股价于次日展开震仓的可能性极大。

量比 2 倍以上，量价结构仍然健康。短线经典买入信号，临盘应积极介入。

【道破涨停天机】实战图谱 106

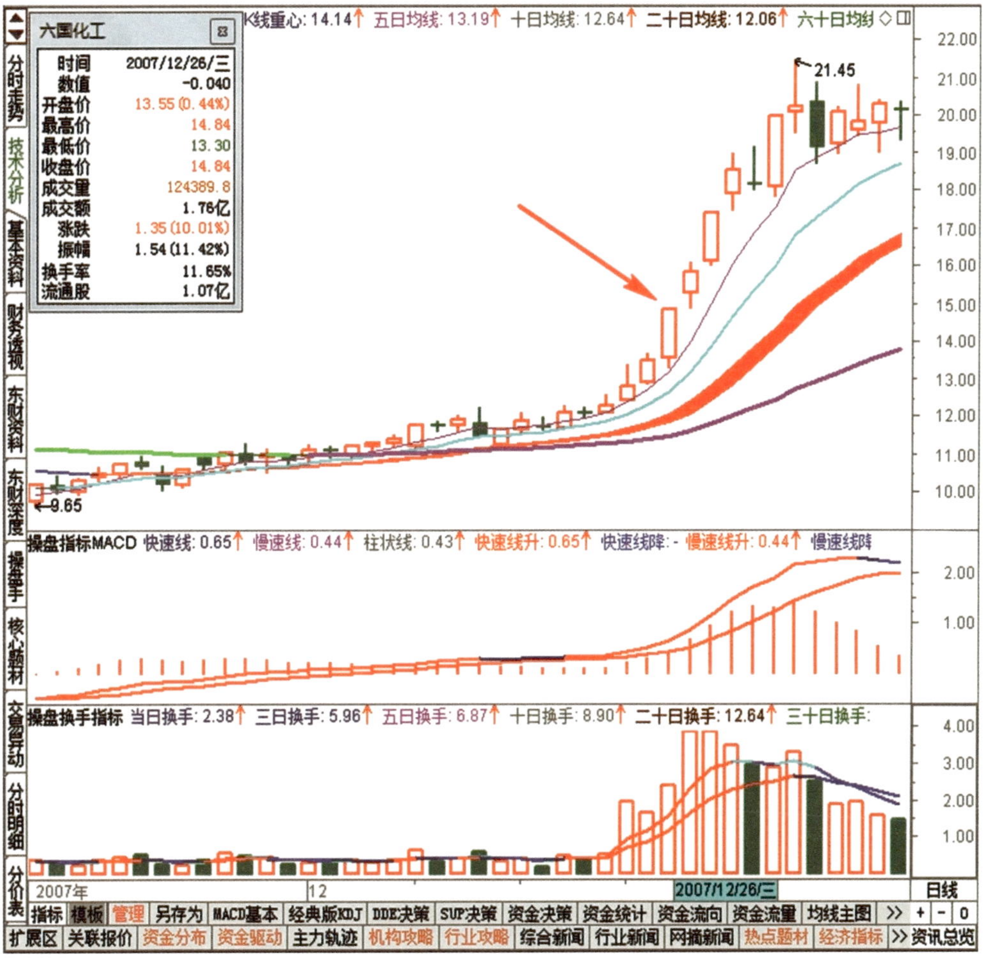

图例 106　六国化工（600470）日 K 线走势图谱

（一）当日日K线操盘技术分析：该股自前期突破60天均线后，已经形成一个标准的中期大上升通道。近三天量能急速放大，说明股价已经进入加速上涨阶段。目前K线组合形态已经形成攻击型上升趋势，量价结合较好。今日盘中放量涨停，是股价加速拉升的结果。

盘口显示主力收市前封住涨停板，有“做价”的嫌疑。次日盘中必然展开技术震仓整理。量比2倍以上，量能配合度比较理想。盘中明显有中线主力控盘，后市以强势加速上升格调为主。临盘应坚决买入。如股价次日高位震荡时，则在可坚决利用15分钟K线系统低吸加仓。

（二）日K线操盘策略：股价已经放量上攻，并形成了中期大上升通道。从量价结构看，该股有中线主力在场中控盘本轮行情操盘节奏较快，目前已经进入加速拉升阶段。从该主力操盘手法看，本次行情升幅以今日涨停价往上至少40%，即21元区间。

【道破涨停天机】实战图谱107

图例107　新湖中宝（600208）第六时间段盘口即时走势图谱

操盘精要震荡盘升，多波涨停临盘技术判断与操盘决策：

主力早盘高开高走，股价温和放量震荡盘升，形成多波攻击趋势。全天均价线持续向上，有力支持股价向上运行。第六时间段，主力突然发力放量涨停。封停后，盘中反复开板。凡是底部突破时的涨停开板，均是主力刻意的诱空行为。盘口发现主力在五档买盘处均挂了 4 笔“5”字头的大单，说明主力仍在积极做多。量比 3 倍以上，量价结构仍然健康。短线经典买入信号，临盘应积极介入。

【道破涨停天机】实战图谱 108

图例 108　新湖中宝（600208）日 K 线走势图谱

（一）当日日 K 线操盘技术分析：该股前期持续下跌，一直在下降通道中运行。股价创出 13.2 元的新低后展开反弹。近三天量能急速放大，说明股价已经进入反弹的加速上涨阶段。量比 3 倍以上，5 天均量线已经上穿 60 天均量线，量能结构显示股价短期行情将发生质变。MACD 指标底部金叉向上，有力支持股价反弹。今日盘中放量涨停，是股价加速拉升的结果。盘口显示主力收市前封住涨停板，主力在五档买盘挂出四笔“5”字头大单。这说明主力还在积极做盘，向上趋势还会延续。股价突破 20 天均线后，由于面临 60 天均线的阻力，次日盘中必然展开技术震仓整理。临盘应坚决买入。如股价次日高位震荡时，则坚决低吸加仓。

（二）日 K 线操盘策略：股价已经放量上攻，并形成了短期上升通道。从量价结构看，该股有中线主力在低位进行仓位回补性滚动操盘股价已经突破下降通道的上轨，短线进入反弹拉升阶段。根据底部反弹规律，本次行情升幅以今日涨停价往上至少 20% 左右，即 19 元区间。

第四节　操盘战例

朝辉（私募）投资管理机构钻石会员基本档案：

●会员编号：WCH（粤）07198。

●会员名称：汪先生（全名略）。

●初始资金：1600 万元。

●入会时间：2007 年 4 月 22 日。

●所在地区：深圳福田区。

●开户证券：广发证券。

●开户银行：深圳发展银行深圳支行。

●截至 2007 年 12 月 1 日，WCH（粤）07136 号会员账户总资产为 4630 万元，直接盈利 3030 万元，总收益率为 189%！本章摘录该会员在 2007 年 11 月 29 日起参与的经典战例。

朝辉（私募）投资管理机构钻石会员操盘简报：

一、会员编号：WCH（粤）07136 号会员

二、投入资金：4600 万元

三、操盘时间：2007 年 11 月 29 日

四、时间长度：40 个交易日

五、操盘项目：中国联通（600050）

六、预期收益：30%

七、实际收益：40%

朝辉（私募）投资管理机构钻石会员操盘战例：

一、项目简况：

2007 年 11 月 29 日。该股围绕 60 天均线进行为期 12 个交易日的反复震荡调整之后，今日终于放量上涨。主力在盘中不断投入巨资冲击股价，并采用多波震荡盘升手法，逐步推高股价。至第六时间段，主力最终将股价推升至涨停板位置，强势特征十分明显。从该股今日的表现来看，主力已经加快了操盘力度，后市震荡盘升将成为定局。临盘已经发出中线买入信号，应积极与主力共同建仓，迎接新行情的到来。

二、大盘环境：

大盘自跌穿 5000 点以来，中期跌幅已经达到 1300 多点，跌幅较大。今天在联通及主力大盘股的带动下展开强势反弹。但成交量仅仅温和放大，说明市场心态较为谨慎。目前点位，大盘有构筑中期大空头陷阱的嫌疑。因此，今天的反弹，就是阶段性见底的重要信号。如果后市大盘形成大级别反弹行情，则龙头大盘股将功不可没。从建仓风险系数判断，目前区域建仓风险较少，持股安全度为中性。如大盘完成二次探底后，中期反转趋势才会形成。

三、操盘策略：

根据资金运用原则，及该股所处的技术位置，仓位布局分为两批介入：第一批仓位占总资金量的 60%，布局于今日涨停板和均价线区间，如股价盘中击穿均价线，则继续加仓 10%。第二批仓位占总资金量的 40%，布局于股价突破 60 天均线进行技术性回调时于 10 天均线处加仓。

【道破涨停天机】实战图谱 109

操盘精要震荡盘升，多波涨停临盘技术判断与操盘决策：

主力早盘高开低走，回调不破昨收盘价，股价温和放量震荡盘升，形成多波攻击趋势。

攻击波形出现尖角型冲击波，说明主力在场中投入巨资收集筹码。第六时间段

图例 109　中国联通（600050）第六时间段盘口即时走势图谱

临近收盘时，主力突然发力放量涨停。股价于收市时涨停，不排除主力有盘中“做价”的嫌疑。主力在阶段性底部“做价”，一方面有启动中级波段行情的信号，另一方面也为即将展开的强势收集留下技术性调整空间。股价封停后，盘中迅速开板，说明上档仍存在短线抛压。量比 2 倍以上，量价结构十分健康。目前该股已经进入中线主力建仓区域，今日属于极强烈的中线行情启动信号，因此，临盘应及时介入。仓位布局按照资金管理计划，今日午盘后在 9.6 ~ 9.9 元之间介入第一仓位的 40%，次日回调后，逐步布局第一仓位的 60%。

【道破涨停天机】实战图谱 110

图例 110 中国联通（600050）日 K 线走势图谱

（一）当日日 K 线操盘技术分析：该股自前期跌穿 60 天均线后，一直围绕该均线展开长达 12 个交易日的震荡筑底走势。今日放量上涨突破 60 天均线和 20 天均线的两大阻力。尾盘收市时涨停，股价强势特征已经出现。阶段性底部带量涨停，是典型的底部反转特征。

量比 2 倍以上，量能结构显示股价短中期行情将发生质变。右边盘口卖一、卖二位置出现巨量大单，说明上档抛压较大。股价后市将反复震荡，以时间换空间。次日盘中必然展开技术震仓整理。今日盘中坚决买入。如股价次日回调整理时，则逐步于 20 天均线和 60 天均线之上低吸建仓。作为中线建仓品种，最佳建仓价格区域在 9.3 ~9.9 元之间。

（二）日 K 线操盘策略：股价已经放量上攻突破短中期均线压制，形成底部向上突破状态。从量价结构看，该股有中线主力在低位进行仓位回补性滚动操盘。股价既然选择向上突破，那么说明主力已经有意启动中线大级别波段行情操盘计划。根据中线主力操盘原则，本轮第一波升幅以今日涨停价往上至少 30% 左右，即 13 元区间。

【道破涨停天机】实战图谱 111

图例 111 中国联通（600050）盘口即时走势图谱

操盘精要震荡盘升，多波攻击临盘技术判断与操盘决策：

今日主力早盘高开低走，回调不破昨收盘价。第二时间段股价突放巨量攻击，形成多波攻击趋势。攻击波形出现尖角型冲击波，说明主力还在场中投入巨资滚动性操盘。自11月29日以来，股价围绕60天均线经过多日调整后，今日上涨说明主力已经完成第一阶段补仓性操盘计划。第三时间段，股价涨幅接近9%，右边盘口五档卖盘位置出现巨量大卖单。短线抛压较大，主力将展开技术性回调震仓。上图中斜线位置预示股价回调支持与攻击角度，预计主力将维持在均价线之上震荡。前两周，第一仓位已经于9.9元一线建仓完毕。今日股价放量上涨，开始考虑第二仓位进场，如午盘与次日展开调整，则坚决加仓。

【道破涨停天机】实战图谱 112

图例112 中国联通（600050）日线走势图谱

主力在午盘后果然展开夹板震仓式操盘手法。盘中发现成交量大幅萎缩，说明盘中筹码极度稳定。主力通过夹板震仓的目的是想赶走跟风盘和场中散户。但筹码过于稳定，让主力也很着急。这种情况容易促使主力将在次日继续实施打压震仓行情。一般情况下，主力如夹板震仓成功，可能会选择于第五时间段涨停。如果夹板震仓获得筹码较少，则当天尾盘还会打压，次日继续震仓调整。从上图情况看，主力很可能选择后者进行操盘。按照计划，在主力夹板震仓区域继续加仓，逐步介入第二仓位。

【道破涨停天机】实战图谱 113

图例 113　中国联通（600050）盘口即时走势图谱

操盘精要大量高开，卖盘诱空临盘技术判断与操盘决策：

今日主力在集合竞价时以 10.50 元开盘，早盘高开 0.77%。第一笔成交 72 万股，量比 1 倍以上，量价结构健康。盘口显示，主力在五档卖盘位置挂出巨量大卖单。大单压境，似乎告诉大家今天上涨乏力，要跌了。普通投资者在这种大卖单面前可能乖乖缴枪。刻意挂出的大卖单说明是主力在盘中搞鬼，其目的是不想让跟风盘进来抢筹，同时也吓出意志不坚定的中小散户。今日股价极有可能展开震荡盘升行情。按照操盘计划，今日盘中仍然逢低坚决实施加仓。

【道破涨停天机】实战图谱 114

图例 114　中国联通（600050）日线走势图谱

股价高开低走，回调不破昨收盘价。盘口买盘逐步增多，早盘集合竞价时的大卖单果然是主力的诱空“诈单”。第一时间段股价巨量拉升，形成二波攻击趋势。盘中斜线位置标明股价大角度攻击状态。量比1倍以上，量价结构健康。临盘仔细发现，主力实施第二波攻击时波形较长。长波容易导致持续攻击力度减弱，因此，当天股价极有可能跌穿斜线位展开反复震荡。今日盘中的策略：如股价跌穿斜线位和均价线，则坚决加仓。

【道破涨停天机】实战图谱 115

图例 115 中国联通（600050）盘口即时走势图谱

第二时间段，股价继续冲高，在创出当天新高时，量能逐步减弱。股价无力上攻，主力果断实施反手打压操盘定式。盘中跌穿均价线和斜线位。成交量迅速萎缩，显示盘中筹码仍然较为稳定。按照操盘计划，股价跌穿斜线位和均价线后，我方逐步加仓介入。

【道破涨停天机】实战图谱 116

图例 116　中国联通（600050）全天盘口即时走势图谱

操盘精要震荡盘升，多波攻击临盘技术判断与操盘决策：

股价在盘中跌穿斜线线和均价线后，再次下跌未能突破今日开盘价。说明主力在盘中有意护盘。盘中下跌是典型震仓手法，以此恐吓缺乏技术的中小散户和跟风盘。在反复震荡中出现尖角型冲击波，说明主力还在场中投入巨资滚动性操盘。按照今日的操盘策略，我方在开盘价附近逐步加仓，紧随主力的操盘节奏。作为职业操盘手，识破主力的操盘意图是操盘基本功。

【道破涨停天机】实战图谱 117

图例 117　中国联通（600050）日 K 线走势图谱

昨日股价大幅上涨，量价配合极为健康。带量长阳，说明主力已经离开第一阶段建仓区域，即将展开第二阶段的拉升计划。从上图 K 线第 1 阶段建仓区域，既是主力建仓区，也是我方第一仓位布局区。今日主力早盘高开低走，全天在昨日上影线之内窄幅整理。量比1倍以上，股价强势整理特征明显。昨日和今日在盘中仍然按操盘计划实施第二仓位的建仓，两日平均建仓均价在10.3元区间。该股次日还将调整，按计划仍然实施加仓策略。

【道破涨停天机】实战图谱118

图例118 中国联通（600050）盘口即时走势图谱

低开高走、三波攻击临盘技术判断与操盘决策：

今日主力在早盘实施低开高走定式，盘中三波攻击。股价拉升时，盘中出现攻击性放量状态，量比 2 倍以上，量价结构健康。图中斜线标示股价大角度攻击。从盘中看，第一时间段三波攻击涨幅仅为 2%，攻击角度与拉升幅度不对称。这种情况说明主力当天并不想大幅拉升，早盘攻击只是做个样子而已。既然主力做样子，就必然会跌穿斜线位。临盘策略为：如果股价跌穿斜线位，则继续实施最后的加仓。

【道破涨停天机】实战图谱 119

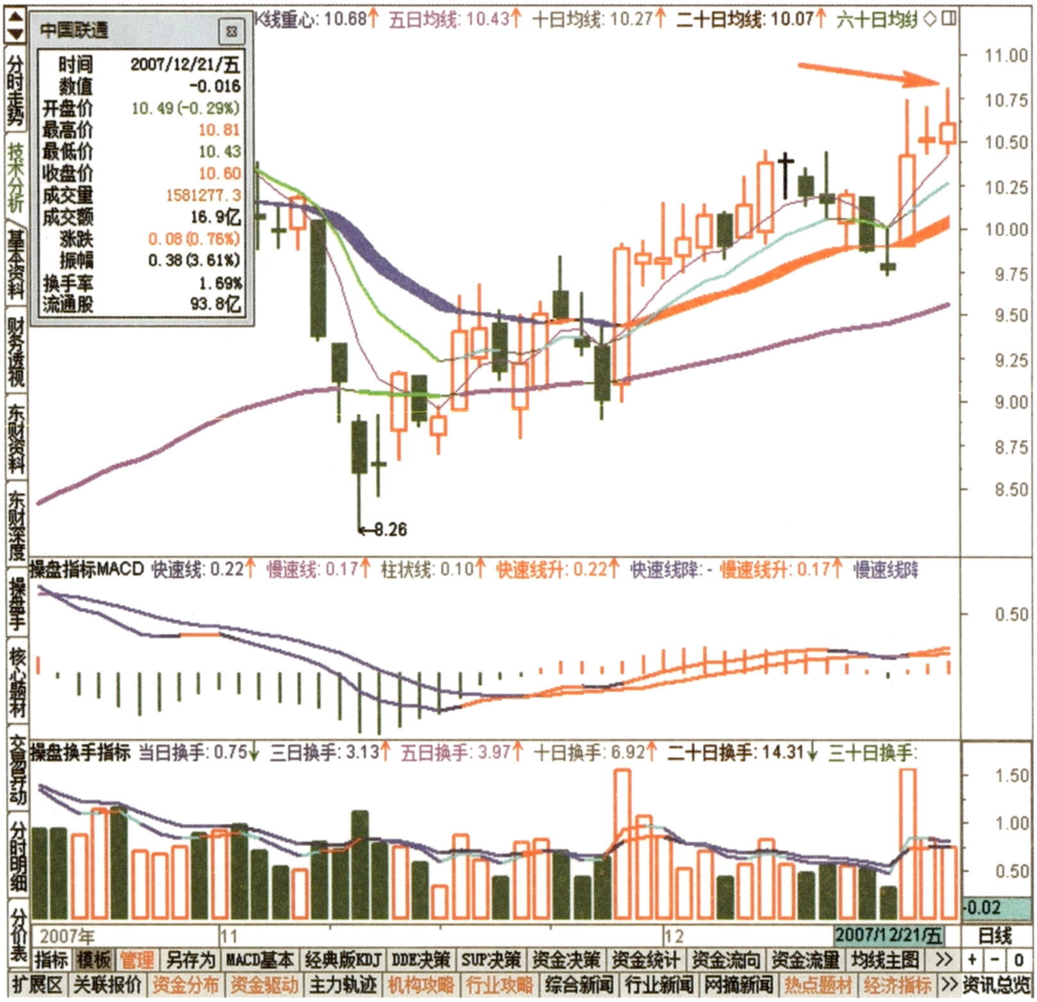

图例 119　中国联通（600050）日 K 线走势图谱

今日主力早盘做出攻击假象后，果然盘中反手打压。主力打压只能吓出跟风盘和胆小的散户。我方按计划今日在盘中继续加仓，至此，第二仓位已经全部进场。

从该股今日小阳 K 线形态看，主力震仓动作已经完毕。目前的震仓也符合主力在面临第 1 阻力区的技术性调整。

一般情况下，连续三天以阳线报收，说明 K 线形态已经形成较强的攻击状态。最迟在第五日股价将向上突破。量能与昨日基本持平，说明近三日主力已经加大了操盘力度，大涨在即。

临盘持股不动，迎接主力新升浪。

【道破涨停天机】实战图谱 120

图例 120　中国联通（600050）盘口即时走势图谱

高开低走、二波攻击临盘技术判断与操盘决策：

股价早盘高开低走，快速回调震仓后，主力放量拉升。第一时间段股价呈现二波攻击状态，量能迅速放大。量比 2 倍以上，量价结构健康。上周五对该股即将结束震仓的判断得到印证。丰富的实战经验是保证盈利的前提。看盘看什么？就是看主力的操盘意图和股价运行趋势。孙子说，多算胜，小算小胜，不算则不胜，这是非常有道理的。斜线位描述股价当天攻击角度与拉升幅度均十分理想，当天收大阳 K 线成为定局。

【道破涨停天机】实战图谱 121

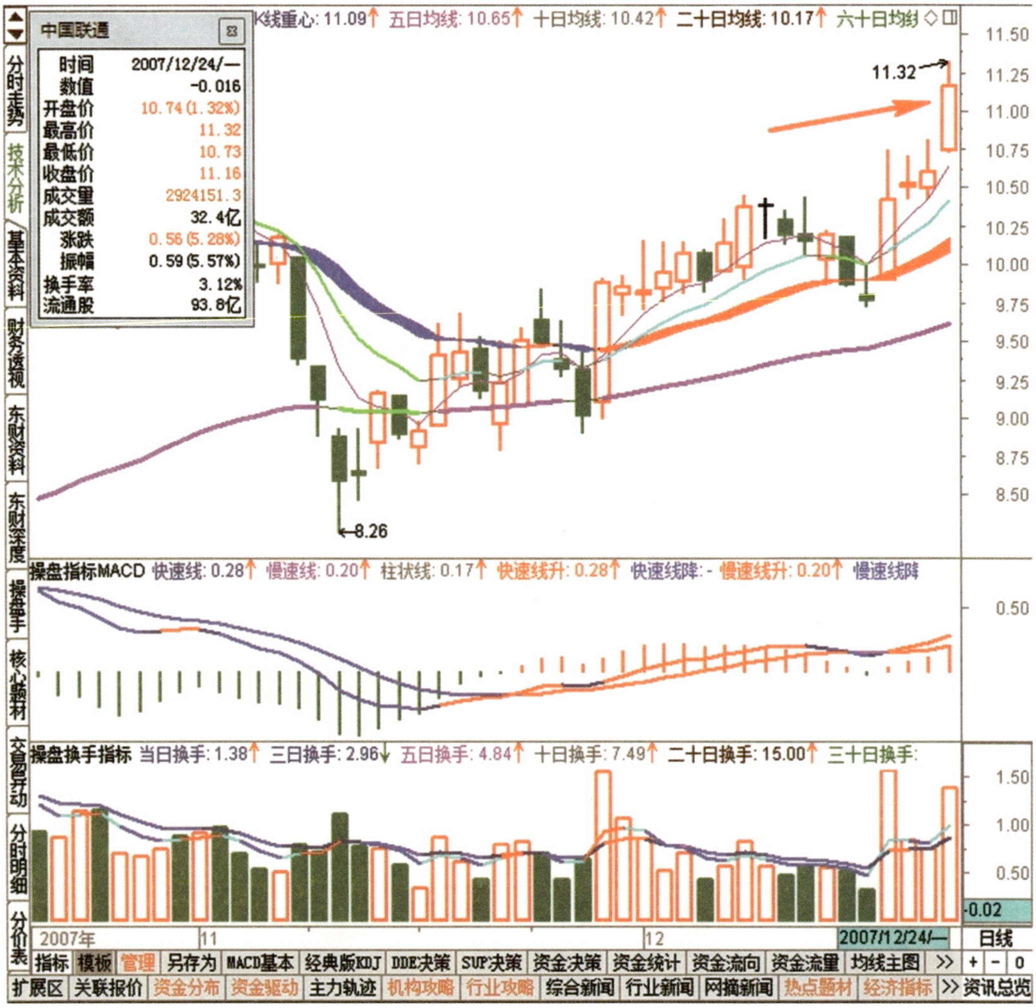

图例 121 中国联通（600050）日线走势图谱

股价最终以震荡盘升方式大涨 6%。量比 1 部以上，量价结构十分健康。天天赚钱的感觉会让你心理很年轻。但这种感觉要想获得，你必须要付出巨大的努力。收盘后的的研盘时，发现主力在第四时间段后实施了轻微的回头打压震仓的细节。这种情况通常说明次日必然有震荡调整行情出现。难道主力采用“进一退二”的操盘策略？次日盘中严密关注主力的量价变化。行情才刚刚开始，主力不会在此阶段出货，临盘主要欣赏主力要要什么花招。

【道破涨停天机】实战图谱 122

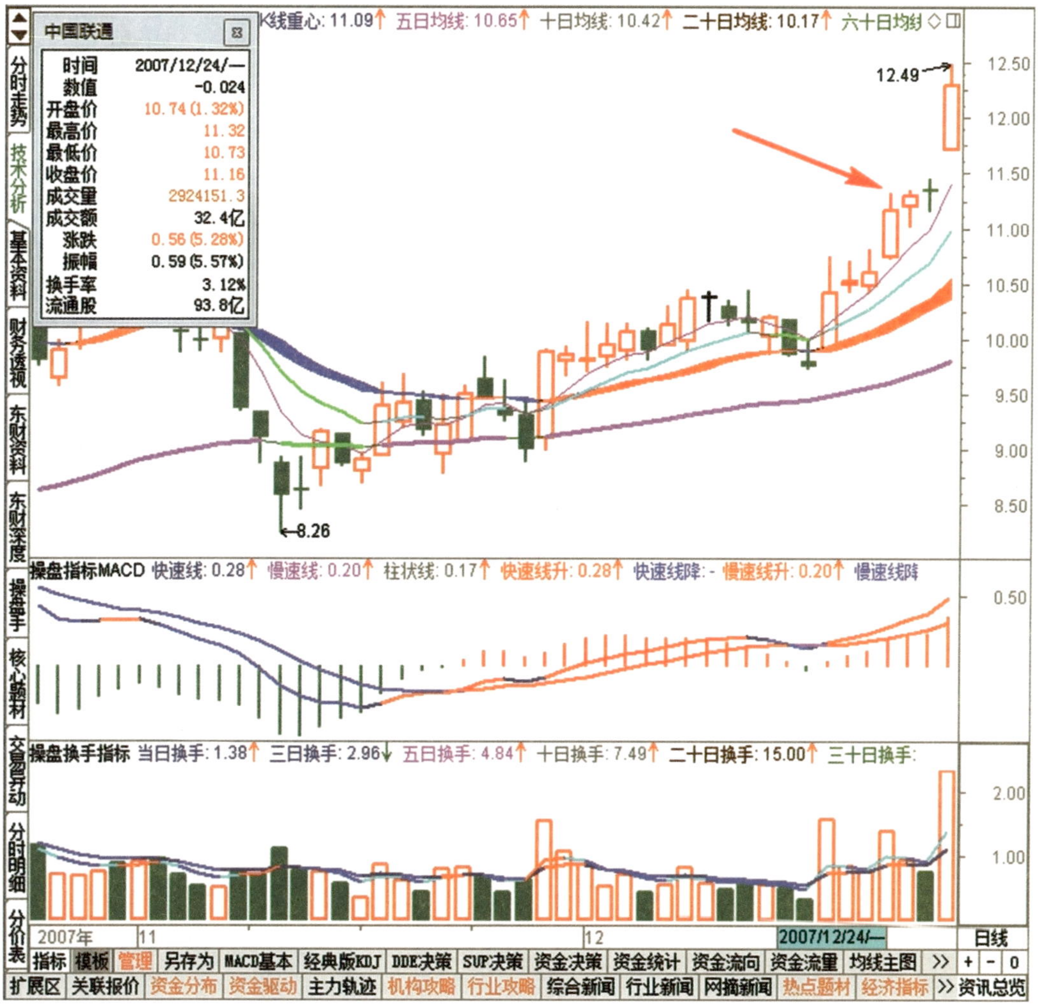

图例 122 中国联通（600050）日 K 线走势图谱

今日主力一举放量突破第1阻力区。中阳K线上留下一小段上影线，显示上攻受阻。

当天量比1倍以上，量价结构仍然十分健康。股价突破重要阻力位时，次日必然展开技术性回调动作。这种方式将有效驱赶跟风盘和场中散户。股价已经进入单边拉升的中级上涨通道之中，临盘坚定持股。

【道破涨停天机】实战图谱123

图例123 中国联通（600050）盘口即时走势图谱

高开高走、巨量攻击临盘技术判断与操盘决策：

今日主力早盘高开高走，回调不破开盘价和均价线。盘中巨量攻击，形成二波攻击定式。

第二时间段，主力将股价攻击至涨停价附近。量能形成短期背离，主力在盘中展开强势震仓整理动作。从上图中看，股价大幅高开后攻击势头极猛。斜线描述股价将在当天实施高位震荡，并极可能涨停。

【道破涨停天机】实战图谱 124

图例 124　中国联通（600050）全天盘口即时走势图谱

多波攻击、涨停失败临盘技术判断与操盘决策：

主力果然在第四时间段和第五时间段实施再次冲击涨停板计划。但上档抛压巨大，股价冲击涨停失败。尤其主力在第二次冲击涨停时，成交量并未跟进。盘中两次不能涨停，是短线经典卖出信号。虽然主力已经突破了历史新高，解放了全体套牢盘，但短期的调整压力十分巨大。根据君子不立危墙之下的投资原则，今天在涨停位置将仓位减持2/3。毕竟从10元以下建仓以来，账户盈利已经达到30%。一定要走在主力前面守住利润，是职业投资者的盈利法则。后市股价回调时，再利用分时系统低位回补，滚动操盘。

【道破涨停天机】实战图谱125

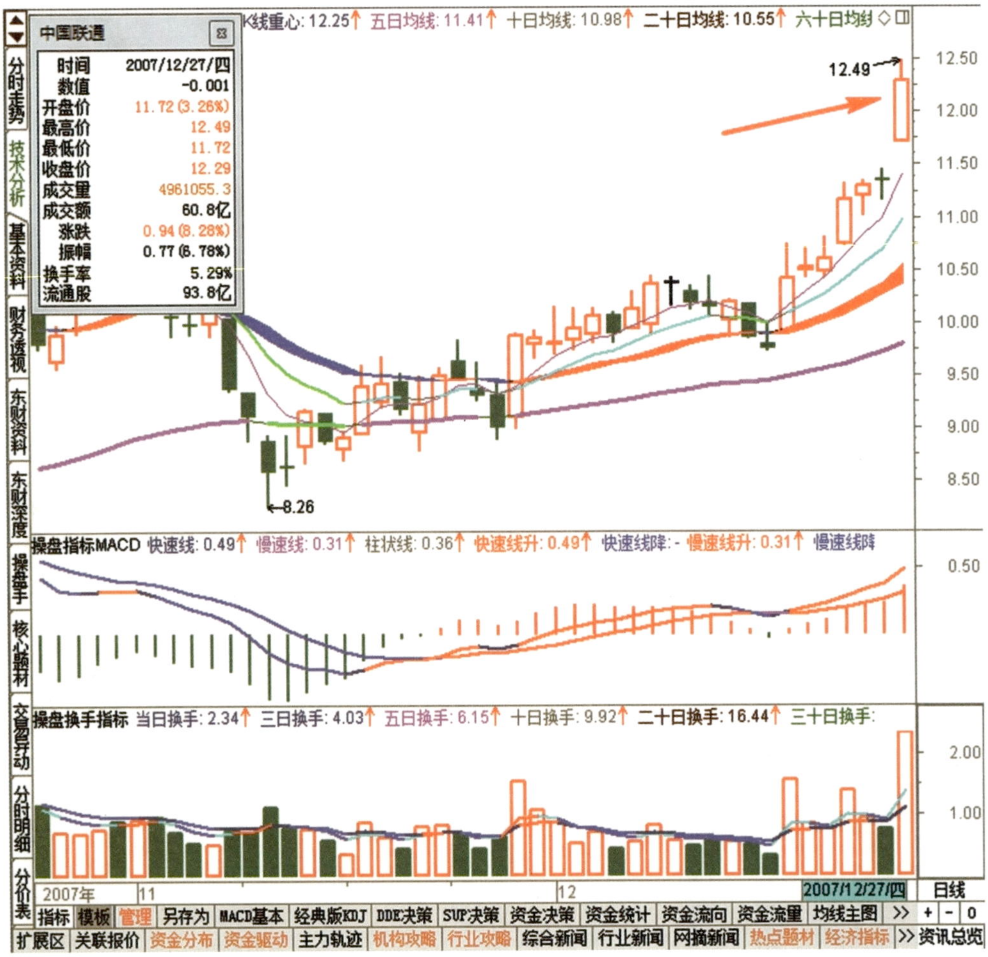

图例125　中国联通（600050）日K线走势图谱

今天股价高开高走，巨量攻击。盘中一举突破第 2 阻力区并创出历史新高，主力解放了全体套牢盘。由于股价在盘中不能封涨停，短线必将展开技术性回调。持仓策略为：今天先减持 2/3 仓位，以守住利润为重要原则。从主力操盘手法看，股价极有可能展开较大的洗盘行情。操盘策略为：如股价下调到 10 天均线时，应果断狙击，展开滚动性操盘。主力解放全体套牢盘后，不可能在目前价格见底出货，因此，后市上涨空间将重新进行测量。测量标准为：以今日巨量涨停收盘价往上约 30% 空间，即 16 元区间。

【道破涨停天机】实战图谱 126

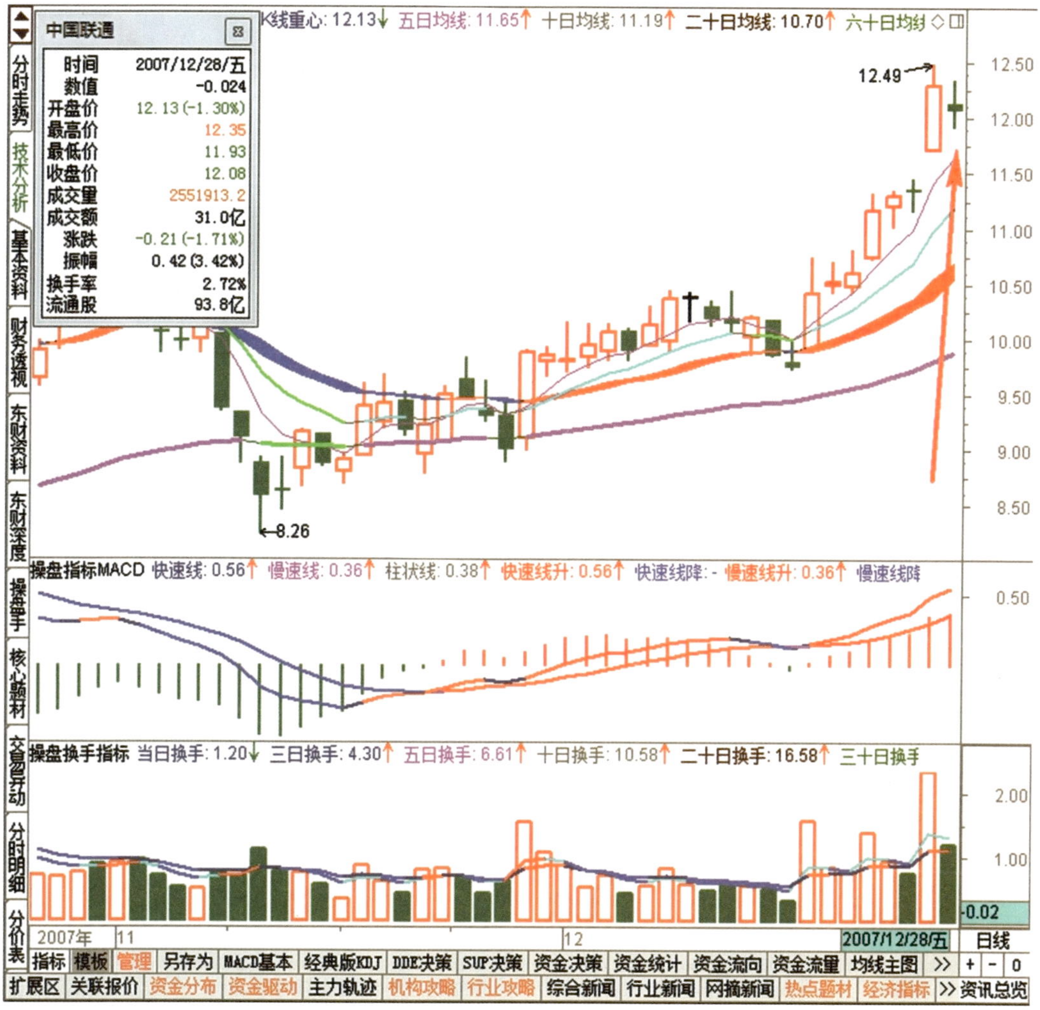

图例 126　中国联通（600050）日 K 线走势图谱

反复震荡、缩量洗盘临盘技术判断与操盘决策：

今天股价低开低走，果然展开洗盘定式。盘中量能仍然较大，说明还有抛盘出现。

在目前价格区间，主力也有可能展开滚动性操盘计划，高抛低吸，做短线差价。既然主力已经展开洗盘，临盘观赏主力的操盘表演。如股价不到 10 天均线，则坚决不加仓。严守纪律，是操盘致胜的不二法则。职业操盘手要经得住盘中的诱惑，百炼才能成钢。明日该股仍将调整。即便有短暂上攻动作，也是诱多陷阱而已。

【道破涨停天机】实战图谱 127

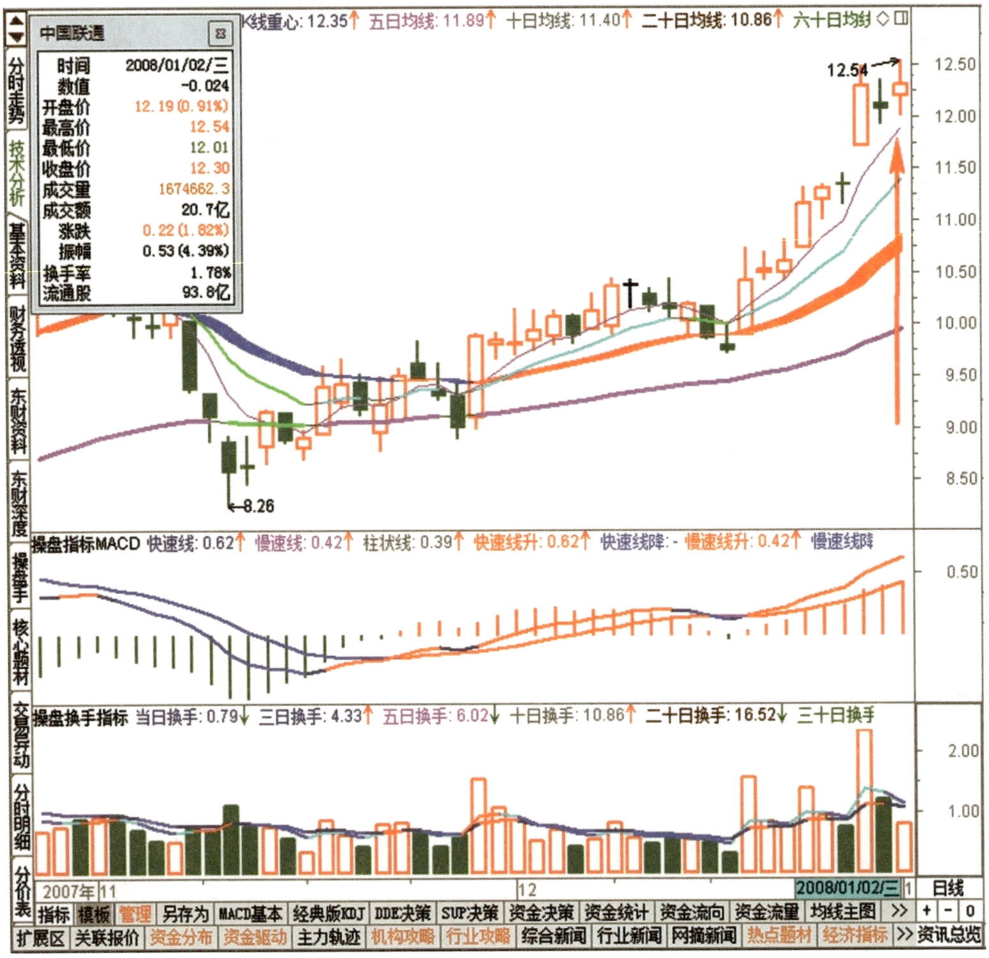

图例 127　中国联通（600050）日 K 线走势图谱

缩量盘升、震荡诱多临盘技术判断与操盘决策：

今天股价果然在早盘做出一幅攻击架势震荡盘升。主力在创出新高后，于第二时间段展开反手打压。早盘攻击是诱多假象，洗盘还未结束。今日被骗进去的跟风者，可能要在次日的凶狠打压中斩仓了。市场就是这样，往往很残酷。如果你没有操盘技术和投资经验，你很可能就是主力的下酒菜。主力还在盘中表演。次日必然展开大幅打压。明天要做好在 10 天均线低吸建仓的准备。毕竟调整已经即将进入第三天了。

【道破涨停天机】实战图谱 128

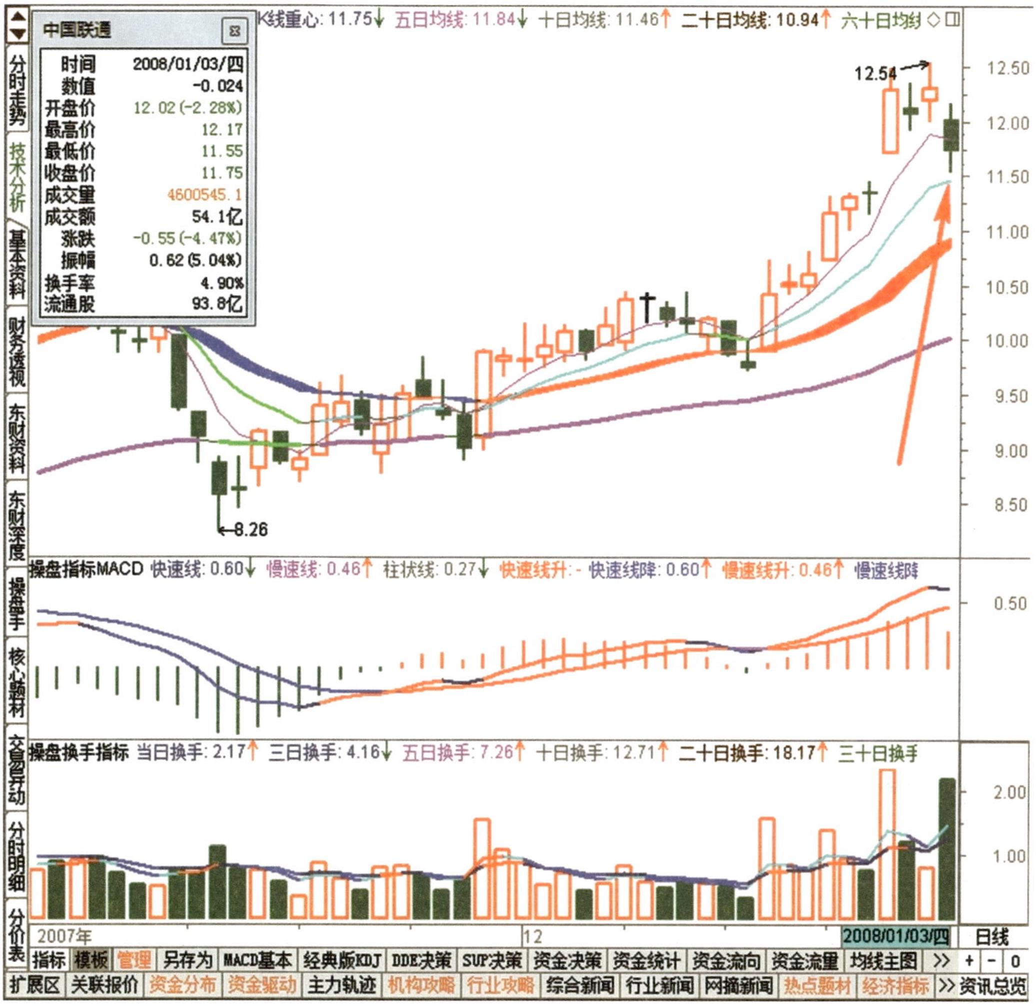

图例 128　中国联通（600050）日 K 线走势图谱

巨量下跌、打压洗盘临盘技术判断与操盘决策：

今天股价低开低走，巨量下跌。昨天对该股分析判断果然言中，主力巨量杀跌是最凶狠的洗盘绝招。昨日跟风的散户和场中未卖出的散户，在今天的下跌面前均乖乖投降。从主力单边下跌的打压洗盘手法来看，有以时间换空间的操盘意图。临盘观察股价在接近 10 天均线时均涌出接盘大单，看来主力对 10 天均线的依赖程度较高。如果 10 天均线不跌穿，该股中线上涨行情就不会结束。通常情况下，大部分主力基本上以 10 天均线作为一轮波段行情的生命线。如果该均线被跌穿，则表示阶段性行情已经结束。今天按计划在收盘前 30 分钟内进场，采取逐步建仓策略，建仓均价在 11.7 元区间。预计次日该股仍将调整，逢低继续加仓。

【道破涨停天机】实战图谱 129

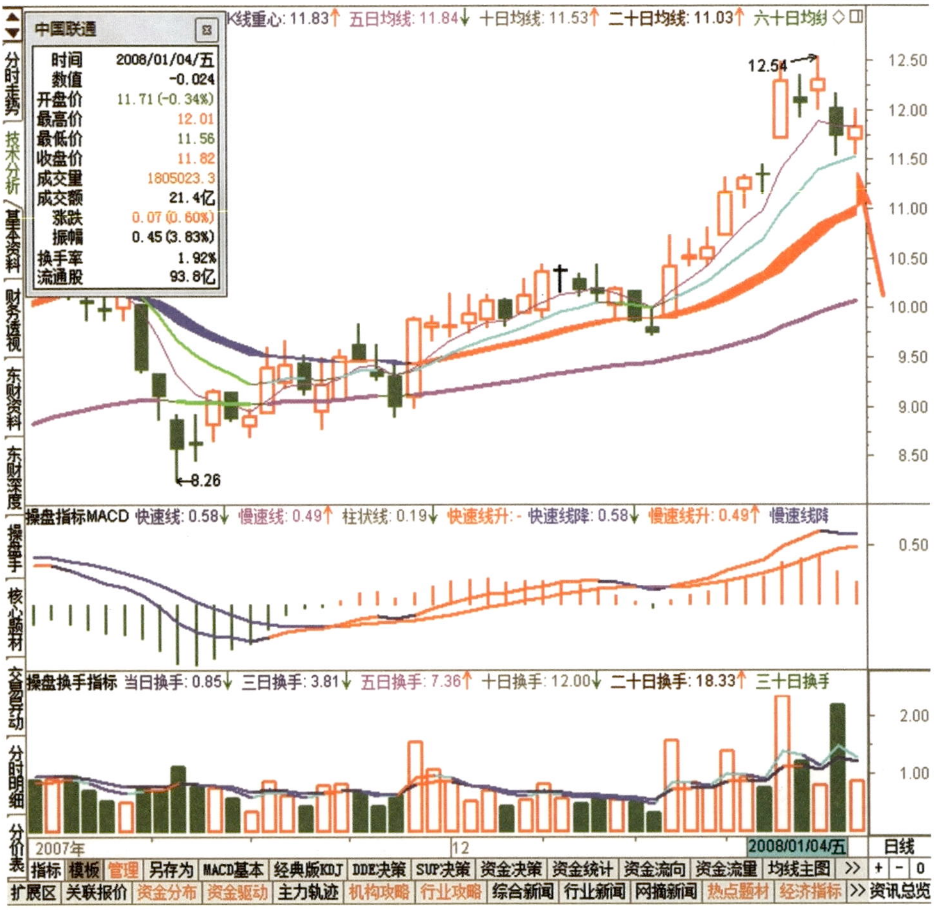

图例 129　中国联通（600050）日 K 线走势图谱

缩量止跌、均线支撑临盘技术判断与操盘决策：

今天股价低开高走，全天在昨日K线范围内窄幅整理。股价在下探昨日最低价附近时，再度受到支撑。盘中反复震荡，最终以小阳K线报收。显然是主力对于10天均线的支撑有极强的操盘预期。按照操盘计划，今天在盘中果断加仓。如果主力强势整理，明日应该将会结束洗盘。

【道破涨停天机】实战图谱 130

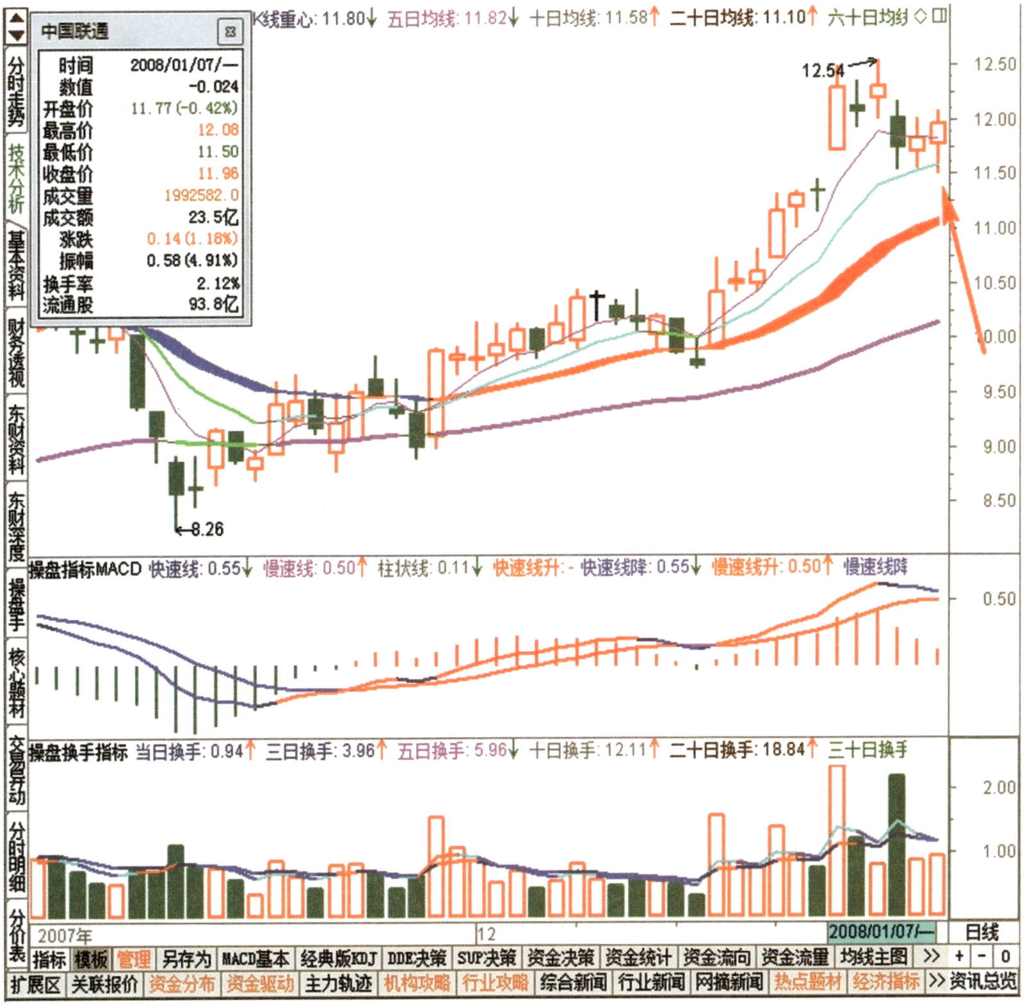

图例 130　中国联通（600050）日 K 线走势图谱

缩量整理、均线支撑临盘技术判断与操盘决策：

今天股价在早盘第一时间段低开低走，凶狠打压。盘中曾一度击穿 10 天均线，主力故意制造“白色恐怖”。第二时间段后，主力放量突破均价线，逐波震荡盘升。同时也说明了主力第一阶段的洗盘正式结束。通过为期五天的洗盘调整，主力已经在历史高位构筑了一个战略性的平台。我们称之为“第 1 战略平台”。这个平台的作用就像美国设在日本冲绳的军事基地一样，有着巨大的中继性攻击作用。后市主力将以此为跳板，向更高的目标迈进。由于接近江恩时间周期之窗，明天主力必然实施攻击。临盘持股待涨。

【道破涨停天机】实战图谱 131

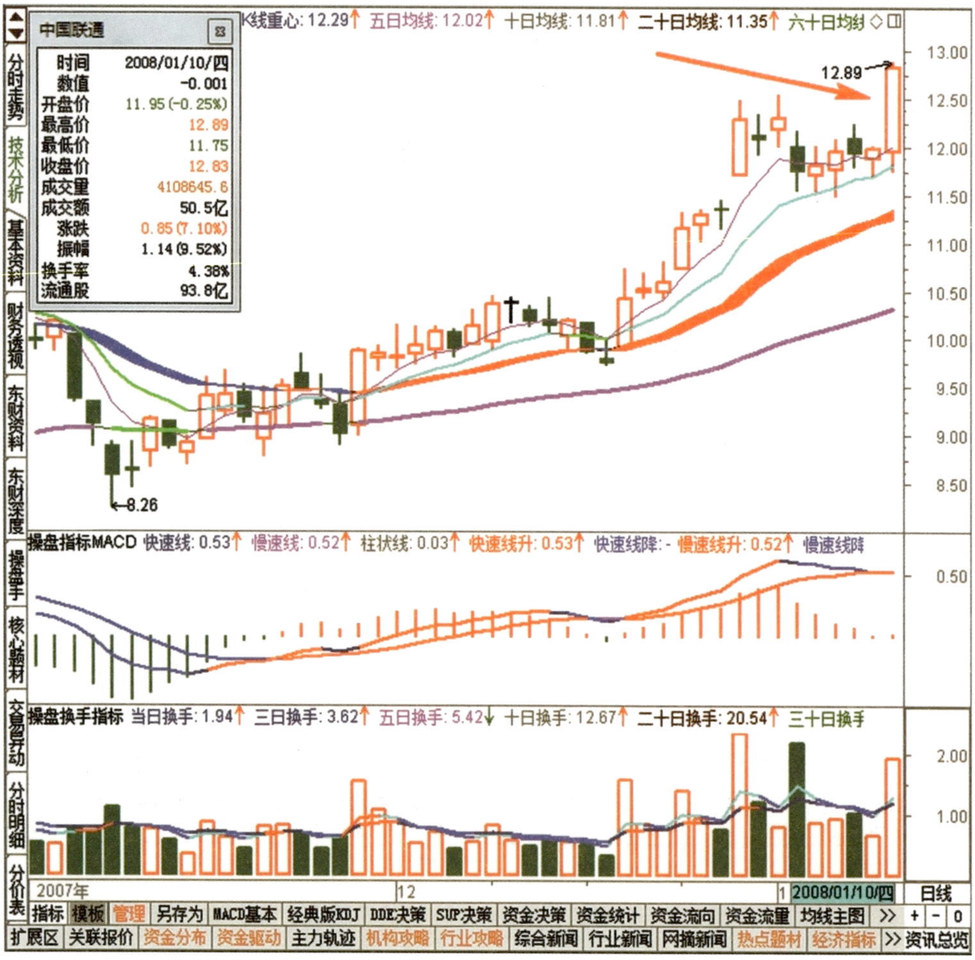

图例 131 中国联通（600050）日 K 线走势图谱

放量攻击、震荡盘升临盘技术判断与操盘决策：

今天股价于上午继续完成震仓后，第四时间段果然发动攻击。第五时间段至第六时间段，主力投入巨资在盘中果断攻击。股价节节冲高，终于突破第1战略平台的最高点，收盘于历史新高。至此，第1战略平台的作用初步得到体现。今天盘中的大涨，同时证明了前两天在10天均线狙击策略的英明与正确。好运气不是每个人都会有的。好运气总是会留给有准备的人！今天尾盘冲击时，量能过大，拉升速度过快，次日必然展开技术性调节。如果量价结构不协调，则要考虑部分高抛，滚动操盘。

【道破涨停天机】实战图谱132

图例132　中国联通（600050）日K线走势图谱

高位震荡、反手打压临盘技术判断与操盘决策：

今天股价高开低走，在高位展开窄幅震荡。第四时间段，主力突然出现跳水式打压。

这种操盘手法出现后，次日继续展开调整的可能性极大。临盘在股价第四次跌穿昨收盘价时将前两天加仓的仓位抛出，以守住利润。操盘策略为：如股价再次回调至10天均线仍然采取狙击建仓策略。次日继续关注股价在盘中的量价表现。后市主力极有可能展开震荡盘升的操盘格局。

【道破涨停天机】实战图谱 133

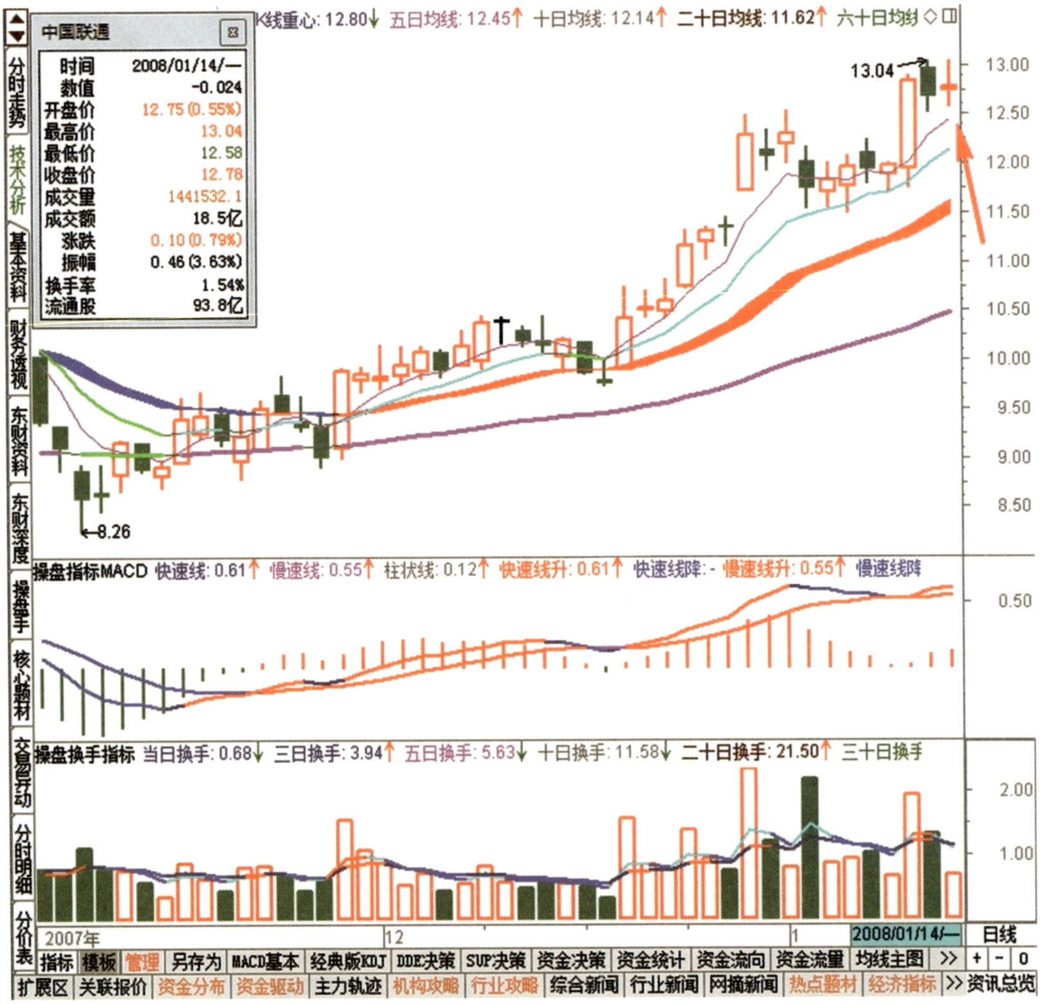

图例 133　中国联通（600050）日 K 线走势图谱

缩量整理、继续震荡临盘技术判断与操盘决策：

今天股价高开高走，第一时间段放量攻击。早盘股价的快速上涨差点让我方以为昨日出局的策略出现失误。但很快主力就纠正了我们的看法。第二时间段，主力开始反手打压。全天震荡盘跌。昨日出局策略并未失误，相反，主力的洗盘还未结束。按照计划，股价未回调至10天均线就坚决不进场，宁可错过后结行情。明日主力展开震荡盘跌的可能性极大。临盘严密监控主力的量价变化，静待加仓机会来临。

【道破涨停天机】实战图谱134

图例134　中国联通（600050）日K线走势图谱

低开长阳、放量上涨临盘技术判断与操盘决策：

今天该股在利空打击下低开高走，盘中瞬间击穿10天均线后放量拉升。看来主力对10天均线的依赖程度极高。今天市场普跌的情况下，主力仍然强力护盘，说明主力巨大的操盘决心。往往就是这样，市场永远保持强者恒强的生存环境。昨天收盘前的加仓和今天早盘低开时的加仓均被再次证明操盘策略的正确。大盘经过三天暴跌后，明天必然会展开反弹。而反弹，则更需要联通这种龙头股的带动。因此，该股明天的上涨已经基本没有什么悬念了。

账户经滚动操盘，盈利已经达到40%了。看来该股向第二波目标行情展开应该没有什么问题了，与主力共舞，继续持股，保持盈利。

【道破涨停天机】实战图谱135

图例135 中国联通（600050）日K线走势图谱

震荡盘升、放量突破临盘技术判断与操盘决策：

早盘该股低开诱空，在完成快速震仓定式之后，股价放量攻击。量比 1 倍以上，量价结构十分健康，主力在盘中一举创出新高。股价已经连续三天放量，行情将发生质变。尾盘收盘在全天最高价，同时，创下了本轮行情以来的收盘新高。从今天主力的操盘手法来看，已经可以清晰地看到，主力正在实施第二波的拉升行情了。在这轮新行情中，第 1 战略平台发挥了巨大的中继性作用。主力第二轮目标升幅不变，临盘持股不动。一般情况下，超级龙头大盘股一旦形成上涨趋势就不会在短期内停下来。这是因为主力资金推动股价的成本较高所致。继续扩大账户盈利。赚钱的感觉总是让人感觉这么轻松。

第四章

涨停陷阱大揭密

职业操盘培训要点：

（一）了解和掌握各个时间段涨停的主要形式。

（二）了解和掌握各个时间段涨停的操盘意义。

（三）了解和掌握二波涨停的操盘陷阱。

（四）了解和掌握三波涨停的操盘陷阱。

（五）了解和掌握多波涨停的操盘陷阱。

第一节　头部涨停陷阱

一只黑马股票在较短的时间内大幅拉升，波段目标涨幅到达之后，阶段性派发筹码就是主力的主要操盘任务。通常情况下，股价出现疯狂式轧空上涨，市场一片热情高歌，此时，该股在所有聚光灯打在身上时，主力已经无须靠自身资金来拉动股价的涨幅。跟风者大量涌进不断推高股价，主力则在场中利用杠杆效果，使出四两拨千斤的功夫，让股价保持虚假的强势，然后在暗中悄悄派发筹码。

在一个波段拉升行情中，通常情况下，不同主力的拉升幅度各有算盘。在笔者统计历年来各大主力操盘特征时发现：根据主力资金量的大小、紧迫性及大盘环境的不同程度，股价的波段涨幅也不尽相同。我们按资金量和操盘时间来进行分类，基本上市场有三种主力特征，即短线、中线和长线这三类主力。

短线主力建仓时间较短，一般在 2 个交易周之内即可建立原始仓位。因此，拉升股价的涨幅以突破重要均线阻力位的第一个涨停板为测量基础，往上涨幅空间约在 30% 左右，上下不会超过 10% 的误差。

短线主力的操盘特点是：股价启动初期急速放量，连续拉升时巨量，此时，伴随巨量出现股价连续闪电式涨停攻击，有时候会连续三四个涨停板。在接近目标涨幅时，最后两个涨停板再度出现巨量，盘中剧烈震荡。股价涨停后反复开板，波形走势不再流畅，这都是主力利用盘中大震荡和涨停出货所致。因此，短线主力在市场中素有来如风快如电的操盘风格。

中线主力建仓时间相对较长，一般在 1 ~ 3 个交易月之内完成。股价在完成一轮下跌周期的最后阶段就是中线主力开始进场时机。基于这一状况，中线主力的操盘时间会相对较长，一般运作一只股票至少在 6 ~ 8 个交易月左右。但最长时间也不会超过 1 年。因此，拉升股价的涨幅以放量突破重要均线阻力位的第一个涨停板为测量基础，往上一个波段涨幅空间约在 40% 左右，上下误差不会超过 10% 。

中线主力的操盘特点是：股价启动初期温和放量，然后逐步堆量，股价反复震荡盘升。在一个波段涨幅即将到达之时，会出现加速拉升涨停状况，盘中放出巨量，这就是所谓的加速见顶特征。中线主力运作的品种一般会出现至少两个波段的拉升特征，这是因为主力要完成出货就必须具备足够的出货空间所致。因此，中线主力在市场中操盘手法均较稳重成熟，有老谋深算的味道。

长线主力建仓时间比较长，一般最低在6个交易月以上，甚至1年以上。长线主力选择的品种一般以价值投资为选股基本原则，在一个大周期的下跌阶段末期进入建仓，建仓过程漫长而乏味。这期间，主力的主要目的是通过建仓完成对该股的控盘，当筹码持有量占流通盘的40%时，该股即基本具备了控盘的资格。因此，长线主力的操盘时间会更长，有些会长达10年以上，最起码也会持有5年以上。

因此，长线主力在拉升股价时会反复呈现波段性操盘的特色。基础波段按照中线主力的波段涨幅原则，一轮大周期的上涨会包含至少3～5个40%左右的波段涨幅。也有一个波段涨幅即达到80%以上者，这种长线主力通常会更疯狂。长线主力更擅长于滚动仓的波段操盘风格，不断通过高抛低吸来完成利润的积累。相对中线主力而言，长线主力更擅长阵地战、包围战和集团化大兵团作战模式。

上述主力操盘手法与操盘风格特征，笔者会在接下来的另一本著作《道破私募天机》中会有详细的描述，请读者朋友到时留意。

基于上述三种主力操盘的投资规律，因此，头部涨停可分为两类状态，第一类是涨停见顶型，第二类是突破诱多型。

现在，我们逐一来谈谈两类头部涨停陷阱的特点。大家请用心阅读下面的文字和图片，这些都是经验之谈，请务必好好珍惜！

第一类：涨停见顶型

短线主力急速放量闪电拉升连续2个涨停板以上就已经具备波段见顶特征。此时，主力最后一个涨停通常称之为“竭尽涨停”。波段涨幅也已经达到预期目标，即30%以上。如2008年1月4日见顶的002186全聚德，从2007年12月10日第一个涨停板起步，连续七个涨停板，短线涨幅达到80%！涨幅惊人。主力在第五个涨停板开始滚动出货，到第七个涨停板，高位剧烈震荡，构筑典型“竭尽涨停”。见图例136所示：

【道破涨停天机】实战图谱136

另外如2007年9月19日见顶的600873五洲明珠（现名：梅花集团），从9月4日第一个涨停板起步，在短短10余个交易日内出现连续四个涨停板，短线涨幅达到50%！涨幅相当可观。在最后一个涨停板时，盘中剧烈震荡，主力拉高出货。次日惯性上冲，留下一根带长上影线的十字K线，正式宣告主力出货完毕，行情结束。见图例137所示：

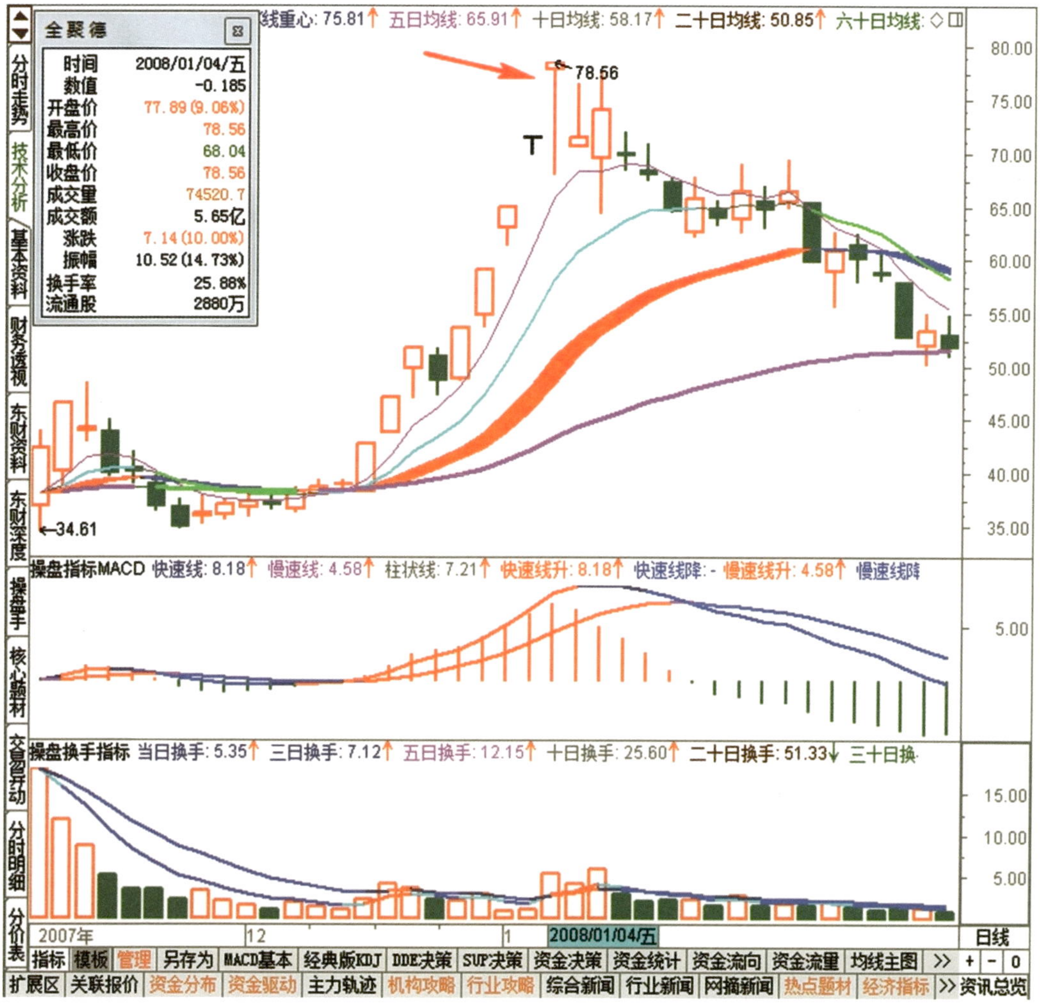

图例 136　全聚德（002186）2008 年 1 月 4 日竭尽涨停 K 线走势图谱回忆

【道破涨停天机】实战图谱 137

上述两个案例都是比较经典的短线品种，主力的操盘速度具有闪电式特征，短线涨幅均超过 30%，十分惊人。但大多数情况下，很多短线品种根据市场大环境的变化，基本控制在 30% 左右的涨幅空间。主力出货完毕后，基本可保持盈利率在 20% 以上。

中线主力在启动初期会呈现温和放量的特征，在突破重要均线的阻力区时，量能会急速放大，之后数日保持温和堆量的特点。因此，中线主力一个波段的涨幅通常在 40% 左右见顶。股价在阶段性见顶前会出现放量加速拉升的技术特征，当接近

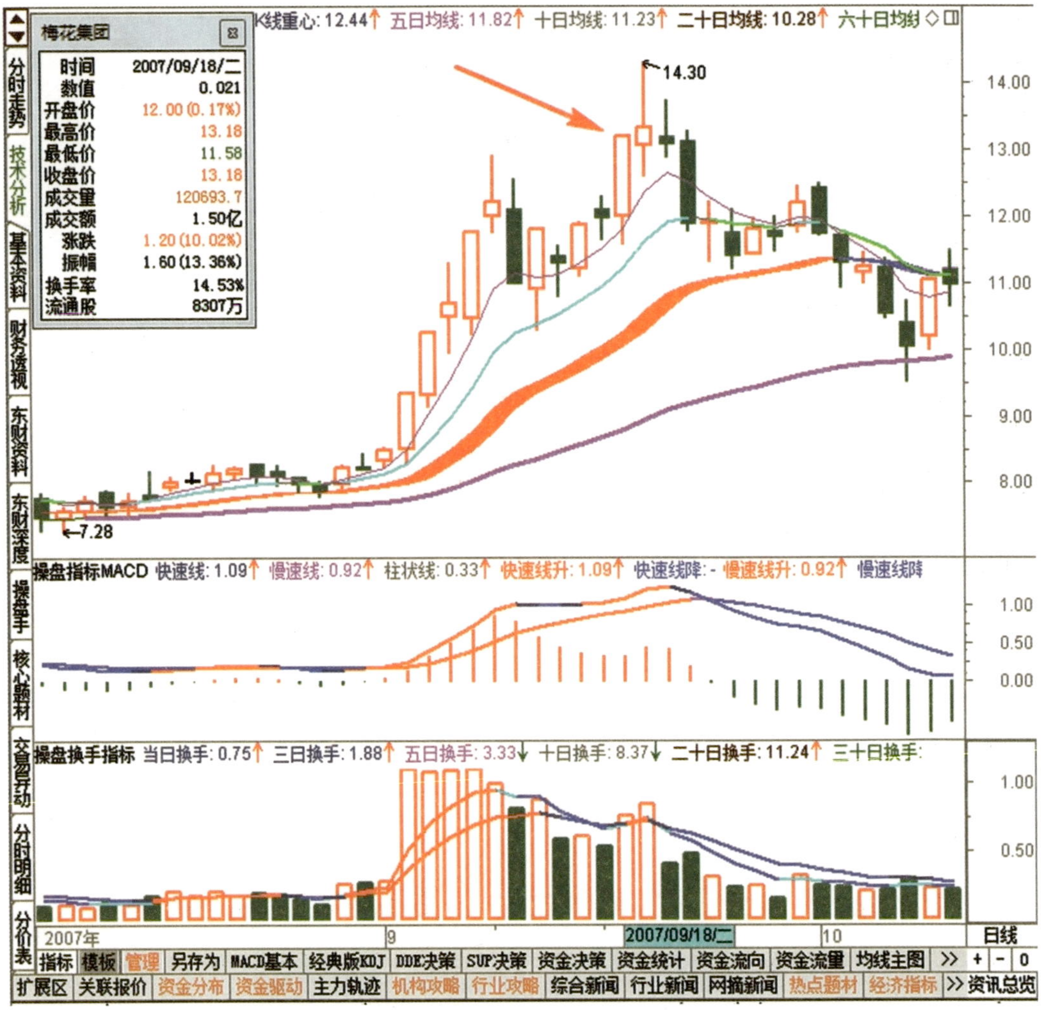

图例 137 梅花集团（600873）2007 年 9 月 18 日竭尽涨停 K 线走势图谱回忆

目标涨幅的最后一个涨停出现时，就是典型的“竭尽涨停”特征。如 2007 年 12 月 21 日涨停见顶的 600746 江苏索普，从 2007 年 11 月 29 日放量突破 60 天均线展开单边上扬的波段涨升行情以来，短短 1 个交易月的时间，股价涨幅达到 60%，十分可观！见图例 138 所示：

【道破涨停天机】实战图谱 138

另如 2008 年 1 月 2 日涨停见顶的 600723 西单商场（现名：首商股份），从 2007 年 12 月 10 日巨量突破 60 天均线涨停攻击以来，在短短 1 个交易月的时间内，

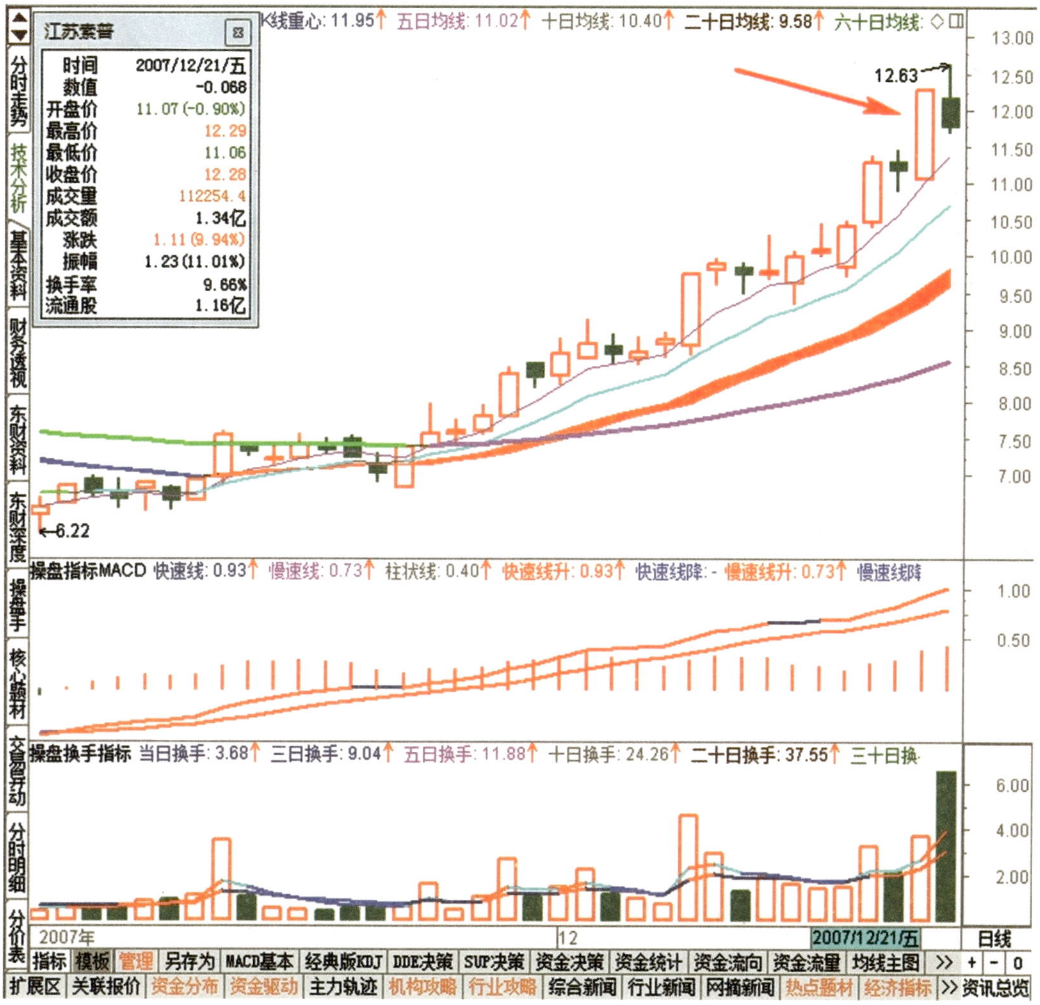

图例 138　江苏索普（600746）2007 年 12 月 21 日竭尽涨停 K 线走势图谱回忆

波段涨幅接近 90%，涨幅十分巨大！见图例 139 所示：

【道破涨停天机】实战图谱 139

再如 2008 年 1 月 4 日涨停见顶的 600470 六国化工，从 2007 年 12 月 10 日放量突破 60 天均线震荡盘升以来，于 12 月 24 日出现巨量加速拉升定式，在短短 1 个交易月的时间内，波段涨幅达到 90% 以上，涨幅巨大！见图例 140 所示：

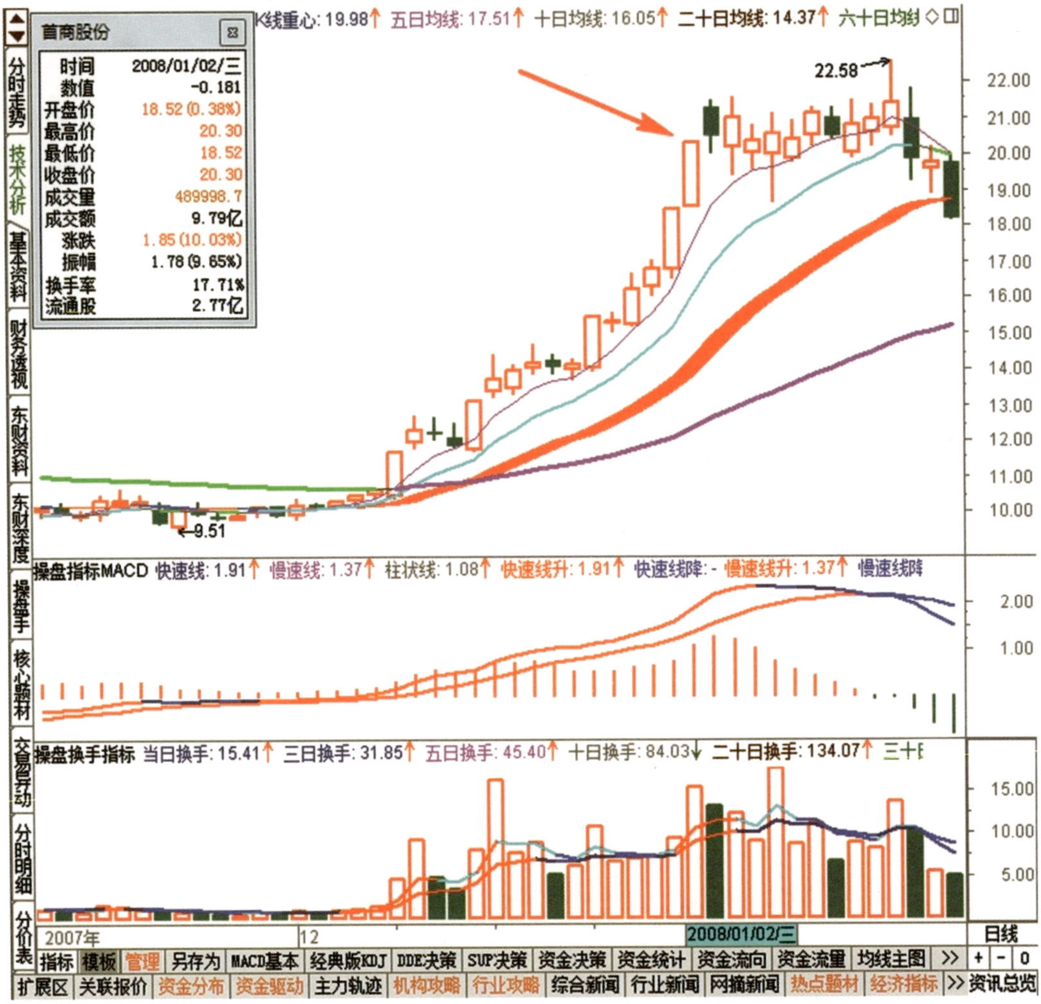

图例 139　首商股份（600723）2008 年 1 月 2 日竭尽涨停 K 线走势图谱回忆

【道破涨停天机】实战图谱 140

长线主力的波段操作案例与中线主力的操盘特征相同，不同点只是在于双方的持股时间长短有差异。在此，不便重复讲述。到时，请大家参考《道破私募天机》一书即会明了。

第二类：突破诱多型

主力波段涨幅到达目标空间之后，通常情况下，主力会实施第一阶段的盘头计划。

短线主力基于出货的需要，通常第一波拉升幅度在 25% 以上，就开始考虑阶段性见顶盘头。这个时候的盘头通常会被市场误以为是主力的洗盘式调整，因此，对

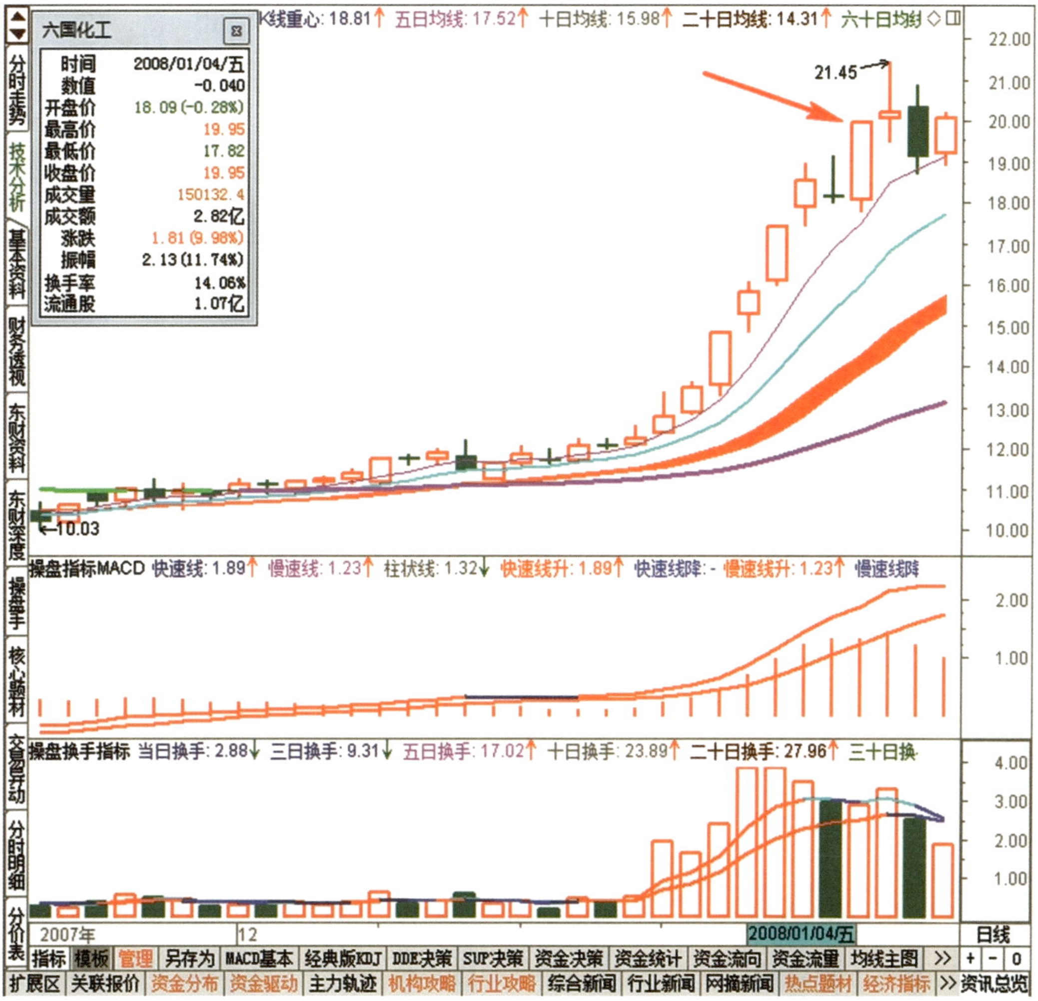

图例 140 六国化工（600470）2008 年 1 月 4 日竭尽涨停 K 线走势图谱回忆

后市寄予了极大的希望。第一阶段的盘头时间通常在 5 ~ 8 个交易日内结束，调整的下限不会跌穿 10 天均线。随即，主力展开最后一波诱多式攻击。凶猛的主力会实施涨停式操盘手法，这就形成典型的“突破诱多型涨停”。

“突破诱多型涨停”出现之后，一般情况下，次日早盘会假装继续向上攻击，第二时间段之后，主力突然展开回头波打压，全天震荡盘跌。长上影线显示股价最终见顶。主力此时已经甩货走人了。

如 2007 年 9 月 7 日涨停见顶的 000938 紫光股份，在经过 4 天的第一阶段盘头整理后，于 9 月 7 日这天展开向上攻击涨停，当天涨停时成交量急剧放大，盘中换手率达到 14. 59% ，主力成功在高位派发。次日该股低开高走，盘中继续放量，但明显滞涨。随后数日，股价实施第二阶段反复盘头计划，主力彻底卖货走人了。见图例 141 所示：

【道破涨停天机】实战图谱 141

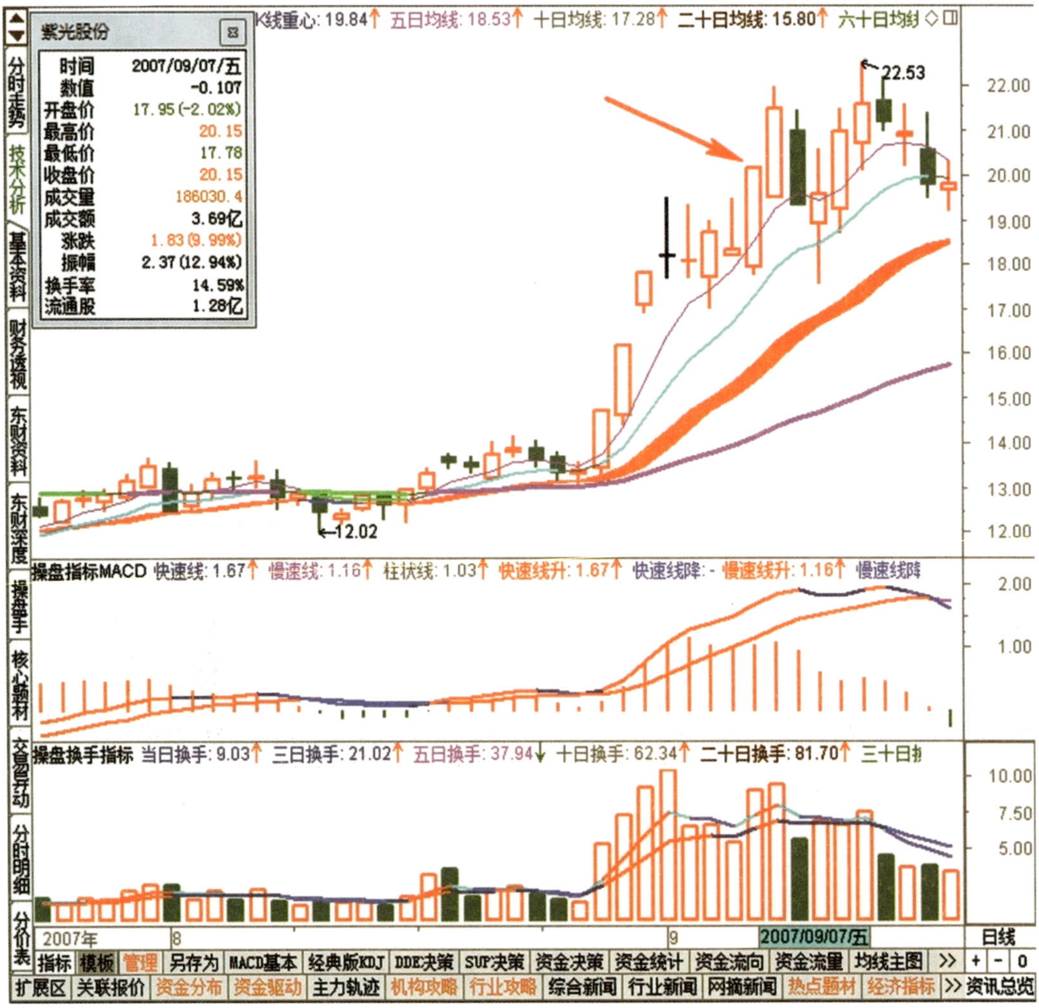

图例 141　紫光股份（000938）2007 年 9 月 7 日涨停假突破 K 线走势图谱回忆

另如 2007 年 10 月 8 日涨停见顶的 000571 新大洲 A，在经过为期四天的第一阶段盘头计划之后，连续展开二个涨停板的拉升。10 月 8 日涨停时，当天换手率达到 16.86%，主力利用涨停大量抛货。次日即展开高位剧烈震荡的走势，两天之后，股价下跌，正式宣告行情结束。见图例 142 所示：

【道破涨停天机】实战图谱 142

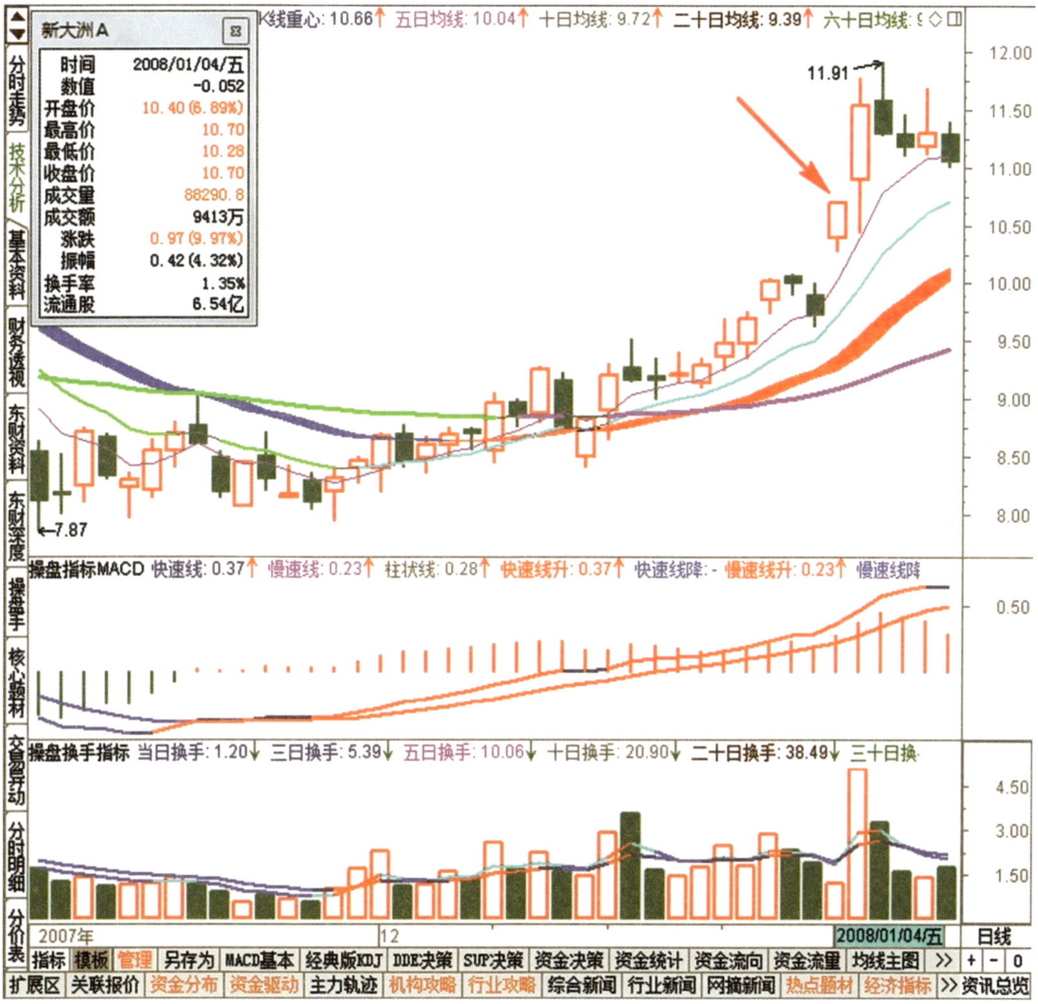

图例 142　新大洲（000571）2008 年 1 月 4 日涨停假突破 K 线走势图谱回忆

中线主力在一波行情见顶之后，盘中反复震荡不再创新高，股价随即回落。当股价跌穿 10 天线时，宣告波段行情结束。随后，股价在长达 1 ~2 个交易月内进行头部平台的整理，高低点的震荡幅度约在 20% 以内。在此期间，主力会多次出现向上假突破的动作。

如 2007 年 10 月 15 日涨停诱多的 600019 宝钢股份，在经过长达 1 个交易月的头部平台整理之后，于 10 月 15 日当天放量向上突破涨停，盘中急速放量，当天换手率达到 4% 以上。次日该股高开高走做出向上攻击假象，第一时间段尾段，主力迅速实施回头式瀑布波形展开杀跌。主力以迅雷不及掩耳之势将昨日跟风盘和今日早盘进场散户尽数套牢。随后股价展开大幅下跌，尤如江河之水奔流直下。见图例143所示：

【道破涨停天机】实战图谱 143

图例143 宝钢股份（600019）2007年10月15日涨停假突破K线走势图谱回忆

另如2007年10月10日涨停诱多的601600中国铝业，在经过1个多交易月的盘头整理之后，于10月10日当天放量向上突破涨停，盘中急速放量，当天换手率达到11.82%，为本次波段行情以来的巨量。第三日该股在高开高走做出向上攻击假象，第一时间段和第二时间段将股价维持高位震荡，盘中慢慢派发筹码，第三时间段，主力不再掩饰，迅速实施回头式瀑布波形展开杀跌。将前两日的跟风者全部套牢。股价从此进入大周期的调整行情中，高位套牢的散户要以漫长的时间成本等待下波行情的解套机会了。见图例 144 所示：

【道破涨停天机】实战图谱 144

图例 144 中国铝业（601600）2007 年 10 月 10 日涨停假突破 K 线走势图谱回忆

笔者从会员操盘档案中精选了以下几个品种的经典头部竭尽涨停案例，均为实时操盘图谱，请大家一一借鉴，用心领会该股在所处阶段的形态特征和盘口语言。

【道破涨停天机】实战图谱 145

图例 145　冠农股份（600251）2008 年 1 月 15 日全天盘口即时走势图谱

操盘精要：尾盘开板，竭尽涨停

该股在第五时间段放量攻击涨停。涨停波形的放量出现对敲拉高特征，主力仅用数十笔大单对敲即完成涨停定式。尾盘收市前，涨停被抛盘打开。股价在形成一波较大涨幅后，尾盘开板是竭尽涨停的最经典特征。这说明主力已经在阶段性出货了。量比仍然达到 1 倍以上，股价还会惯性冲高，上升空间就在 10% 以内。次日开盘冲高就要出局，绝对不参与主力的头部派发行情。

【道破涨停天机】实战图谱 146

图例 146　冠农股份（600251）2008 年 1 月 15 日日 K 线走势图谱

操盘精要：竭尽涨停，即将见顶

该股自 2007 年 12 月 5 日底部启动第一个涨停板以来，一路反复震荡走高。截至今日，整个交易时间在 1 个交易月内，本轮波段已经达到 120%，涨幅巨大！今日盘中涨停时出现对敲放量，说明主力已经实施阶段性派发。尾盘开板，暴露股价即将见顶，是典型的竭尽涨停特征。该股上涨至今，盘中有中长线主力在主持大局。目前已经为控盘状态。主力在本阶段出货仍然比较艰难，后市必须在高位进行平台震荡，实施出货。

【道破涨停天机】实战图谱 147

图例 147 敦煌种业（600354）2008 年 1 月 15 日全天盘口即时走势图谱

操盘精要：封停力弱，竭尽涨停

该股在第五时间段放量攻击涨停。涨停时，量能急速放大，量价结构健康。涨停 10 分钟后，主力在盘中轻微开板诱空。唯一不足的是封停单量仅为 6032 手，攻击力度较弱。这种封停单量在股价大幅拉升后，容易形成竭尽涨停的结局。今日盘中换手率巨大，这说明主力已经在阶段性出货了。量比仍然达到 1 倍以上，股价还会惯性冲高，上升空间就在 10% 以内。临盘仅可以短线操作，次日开盘冲高一旦滞涨就要出局，绝对不参与主力的头部派发行情。

【道破涨停天机】实战图谱 148

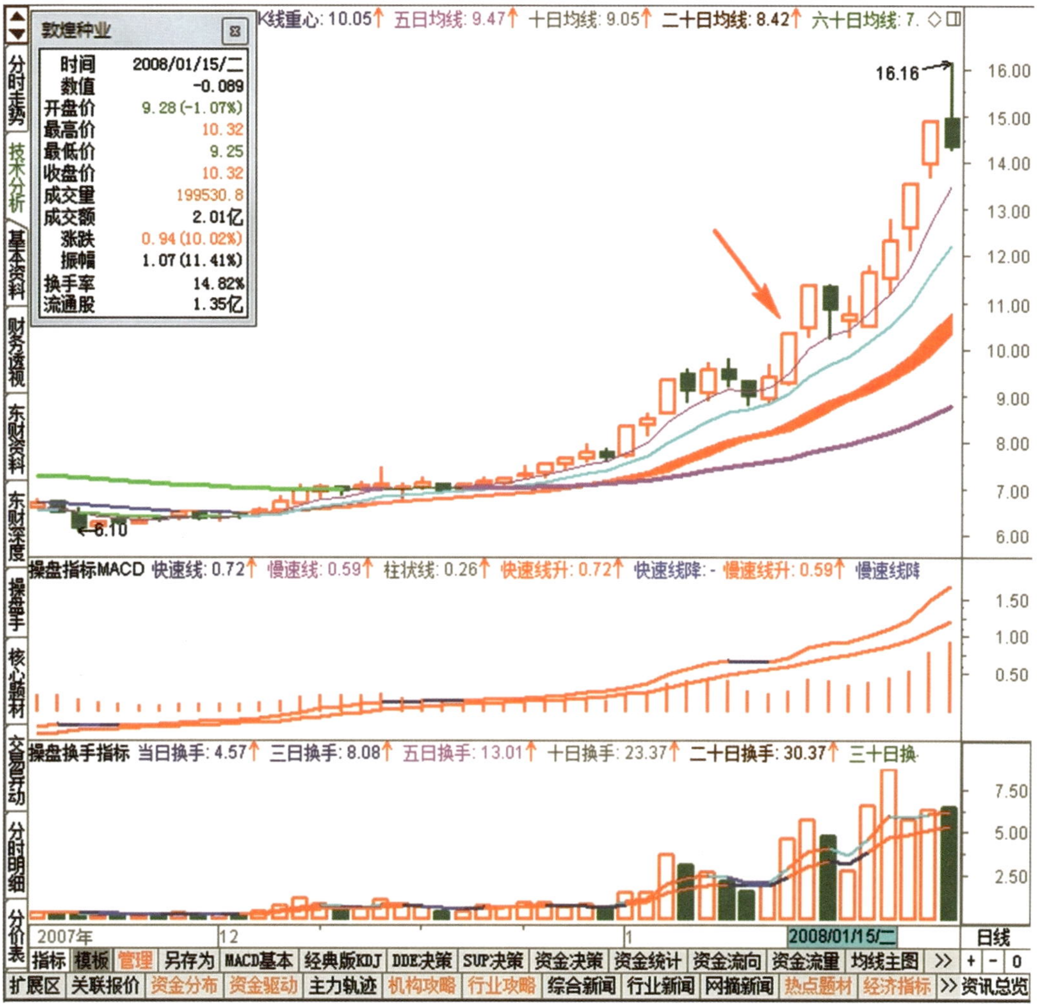

图例 148 敦煌种业（600354）2008 年 1 月 15 日日 K 线走势图谱

操盘精要：竭尽涨停，即将见顶

该股自 2007 年 12 月 20 日放量突破 60 天均线以来，一路反复震荡走高。主力在 2008 年 1 月 2 日形成放量加速上涨状态。截至今日，整个交易时间在 1 个交易月内，本轮波段已经达到 40%，涨幅巨大！今日盘中涨停时换手率达到 14%，说明主力已经实施阶段性派发。

股价封停单量仅为 60 万股，股价攻击力转弱。这种状态暴露股价即将见顶，是典型的竭尽涨停特征。该股上涨至今，盘中有中线主力在滚动操盘。主力在本阶段如果持续放量，至少可以出脱总仓位的60%，后市只需平台震荡，就可抛光筹码。

【道破涨停天机】实战图谱 149

图例 149 新赛股份（600540）2008 年 1 月 15 日全天盘口即时走势图谱

操盘精要：封停力弱，竭尽涨停

该股在第四时间段放量攻击实施多波涨停。涨停时，量能急速放大，量能结构表现凌乱。

涨停后，主力在盘中反复开板。至收盘时，股价仍然开板，不能继续封停。股价经历大幅拉升后，在高位反复开板均是出货特征。盘中涨停是典型的竭尽涨停。今日盘中换手率巨大，这说明主力已经在大力出货之中。量比仍然达到 1 倍以上，股价还会惯性冲高，上升空间就在 10% 以内。临盘在次日开盘冲高一旦滞涨就要出局，绝对不参与主力的头部派发行情。

【道破涨停天机】实战图谱 150

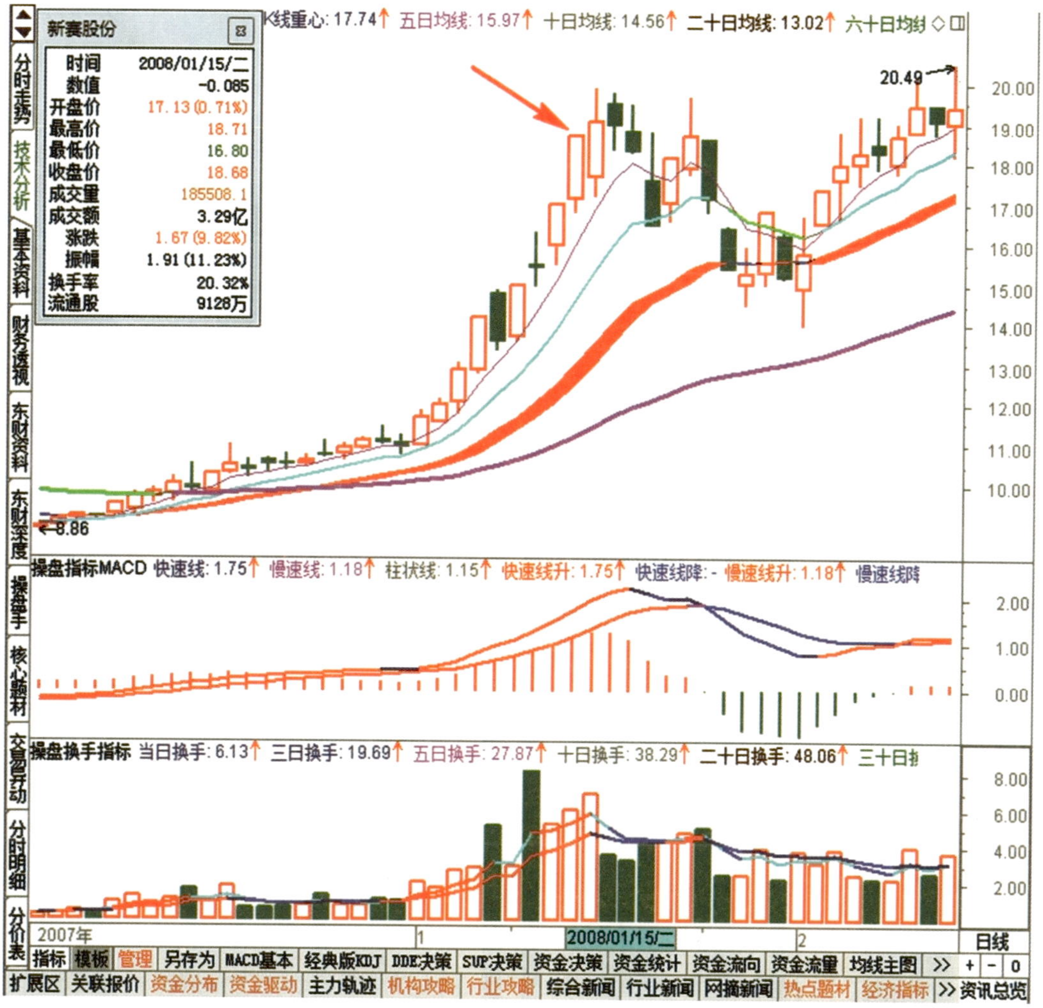

图例 150　新赛股份（600540）2008 年 1 月 15 日日 K 线走势图谱

操盘精要：竭尽涨停，即将见顶

该股自 2007 年 12 月 14 日放量突破 60 天均线以来，一路反复震荡走高。主力在2008年1月2日正式进入放量加速上涨趋势。截至今日，整个交易时间在1个交易月内，本轮波段已经达到80%，涨幅巨大！今日盘中涨停时换手率达到20.32%，说明主力已经实施大规模的拉高派发。股价封停单量仅为38手，股价攻击力转弱。这种状态暴露股价即将见顶，是典型的竭尽涨停特征。该股上涨至今，盘中有中线主力在滚动操盘。近三天来，盘中总换手率超过60%，主力至少出脱总仓位的40%。股价还有放量换手过程，后市只须平台震荡，就可抛光所有筹码。

【道破涨停天机】实战图谱151

图例151 厦门空港（600897）2008年1月15日全天盘口即时走势图谱

操盘精要：剧烈震荡，竭尽涨停

该股在早盘以一波攻击涨停，盘中快速开板。量能急速放大，盘中展开剧烈震荡。第五时间段再度涨停时，成交量未能再度放大。封停单量仅为4508手，攻击力度转弱。这种封停单量在股价大幅拉升后，容易形成竭尽涨停的结局。今日盘中换手率巨大，这说明主力已经在利用剧烈震荡中出货了。量比达到7倍以上，股价还会惯性冲高，上升空间就在10%以内。临盘仅可以短线操作，次日开盘冲高一旦滞涨就要出局，绝对不参与主力的头部派发行情。

【道破涨停天机】实战图谱152

图例152　厦门空港（600897）2008年1月15日日K线走势图谱

操盘精要：竭尽涨停，即将见顶

该股自2007年12月7日放量突破60天均线以来，一路反复震荡走高。主力在2007年12月27日形成放量加速上涨状态。截至今日，整个交易时间在1个交易月内，本轮波段已经接近50%，涨幅巨大！今日盘中剧烈震荡涨停时换手率达到21%，说明主力已经实施大规模的拉高派发。股价封停单量仅为45万股，股价攻击力转弱。这种状态暴露股价即将见顶，是典型的竭尽涨停特征。该股上涨至今，盘中有中线主力在滚动操盘。主力在本阶段如果持续放量，至少可以出脱总仓位的40%，后市只需平台震荡，就可抛光筹码。

【道破涨停天机】实战图谱153

图例153 威海广泰（002111）2007年11月23日全天盘口即时走势图谱

操盘精要：封停力弱，竭尽涨停

该股全天震荡盘升态势。震荡波形出现呆滞型脉冲波形，说明主力已经控盘。第六时间段，主力利用对敲单将股价涨停。封停单量仅为 36 手，攻击力度转弱。盘中涨停是主力为吸引眼球的的自导自演行为，其目的是为了出货的需要。这种封停单量在股价大幅拉升后，容易形成竭尽涨停的结局。今日盘中换手率不大，这说明主力仍然无法吸引跟风盘出货。量比达到 1 倍以上，股价还会惯性冲高，上升空间就在 10% 以内。临盘仅可以考虑短线操作，次日开盘冲高一旦滞涨就要出局，绝对不参与主力的头部派发行情。

【道破涨停天机】实战图谱 154

图例 154　威海广泰（002111）2007 年 11 月 23 日日 K 线走势图谱

操盘精要：竭尽涨停，即将见顶

该股自2007年10月29日放量拉升以来，一路反复震荡走高。主力在2007年11月14日完成第一阶段中继型整理之后，股价呈现加速上涨趋势。截至今日，整个交易时间在1个交易月内，本轮波段已经达到40%以上，涨幅巨大！股价经历第一阶段的中继型后的第二轮拉升量能逐步萎缩，说明主力已经控盘。主力高度控盘的品种在短期内无法顺利完成出货。这种情况下，该股会演变成中长线主力持仓状态。今日涨停时，股价封停单量仅为36，股价攻击力转弱。这种状态暴露股价即将见顶，是典型的竭尽涨停特征。主力无法在本轮行情完成出货，后市必须展开宽幅整理以化解控盘的困境，再伺机出货。

【道破涨停天机】实战图谱155

图例155 海欣股份（600851）2007年12月21日全天盘口即时走势图谱

操盘精要：震荡盘升，竭尽涨停

该股全天震荡盘升态势。第六时间段，股价在经过反复震仓之后，主力一举涨停。封停单量 47533 手，短线攻击力度仍然较强。从该股盘中量价结构来看，具备短线主力操盘特征。

从盘中看，该股曾在第五时间段涨停后开板。因此，可以解析为第六时间段的再度涨停是主力竭尽拉升的结果。这种操盘手法在股价短期具备较大升幅后，容易形成竭尽涨停的结局。

今日盘中换手率不大，这说明主力仍然无法吸引跟风盘出货。量比达到 2 倍以上，股价还会惯性冲高，次日开盘冲高一旦滞涨就要出局。

【道破涨停天机】实战图谱 156

图例 156　海欣股份（600851）2007 年 12 月 21 日日 K 线走势图谱

操盘精要：竭尽涨停，阶段见顶

该股自2007年12月6日突破30天均线拉升以来，已经形成两个小级别波段的涨幅。截至今日，两个波段总体涨幅已经达到30%以上，涨幅符合短线主力的目标值！从该股盘中的量能结构特征看，属于典型的短线主力小级别操盘行为。今日收市前的巨量封停单量是主力刻意的做秀行为，旨在吸引跟风者的眼球。这种状态暴露股价即将见顶，是典型的竭尽涨停特征。临盘仅可考虑短线操作，次日一旦滞涨就应立即果断出局。短线主力的运作成本较低，仓位较轻，因此出货速度也快。因此，对于这种品种必须不能抱有太大的期望，否则，后果不堪设想。

第二节　下跌中继陷阱

股价经历大幅上涨之后进入另一个循环周期，即下跌回归周期。股价的涨跌就像潮水，汹涌而来，又滔滔而去，所以，前辈们才有了“波浪理论”这一说法的技术基础。

股价运行在下跌阶段的大周期中，波段跌幅与波段涨幅也基本相当。短线主力操盘的品种，在主力抛货完毕之后，就像没娘的孩子没人管一样，任凭市场风吹浪打，已经落花流水随波去了。

一般情况下，中长线主力操盘的股票，在一轮大周期的下跌调整过程中，股价于盘中突然涨停，如当日量能配合较好，这都是股价下跌中期的反弹形态，主要是为调节下跌超卖的技术指标。这种状态，基本不具备短线操作的价值。相反，如果贸然进场，却是正好中了中线主力设下圈套。原来主力只是利用反弹，一方面做做短线的滚动差价，另一方面是为了修正下跌技术形态而已。

反映在K线图表系统上，则可见股价已经在明显的下降通道中运行。短中期均线系统均发散向下，形成强大的下制力。股价在盘中任何短暂反弹动作，均是为了下一步更好的大跌做技术性修正。

【道破涨停天机】实战图谱157

再如2007年6月13日，000901航天科技出现下跌中继型涨停，该股经过连续四天跌停板式急跌后，出现反弹涨停，当天换手率达到12.14%，股价一举突破10

图例 157 航天科技（000901）2008 年 1 月 24 日下跌中继涨停 K 线走势图谱回忆

天均线的压制，形成中继型反弹形态。但该股在次日即出现冲高回落。数日后，该股继续形成下跌趋势。跌幅达到 50%，相当恐怖！由于该股是中长线主力控盘的品种，故后市该股仍由原主力在低位补仓，形成新一轮的涨势。这是后话了。如图例 158 所示：

【道破涨停天机】实战图谱 158

另如 2007 年 10 月 23 日，600072 中船股份在当天出现下跌中继型涨停。该股从 60 元顶部形成典型大双顶下跌之后，在 20 天均线获得短暂支撑。当天股价以高

图例 158　航天科技（000901）2007 年 6 月 13 日下跌中继涨停 K 线走势图谱回忆

开低走操盘定式展开反弹，盘中于第五时间段以多波震荡盘升方式涨停。当天换手率为 5.61%，量能温和放大。次日该股高开高走继续攻击，但盘中无法封涨停。第四时间段后，主力凶相毕露展开回头跳水式下跌波形。随后该股形成大跌趋势，至 11 月 12 日，跌幅达到 40%，50 元以上的套牢盘恐怕永远难见生天了。如图例 159 所示：

【道破涨停天机】实战图谱 159

再如 2007 年 9 月 20 日，002143 高金食品经过连续 1 个交易月的震荡盘跌后，在当天出现放量涨停现象。很多投资者误以为该股已经见底反弹了，当天纷纷抢进。当天该股在盘中反复开板，放水开闸。主力在下午第五时间封涨停时成交量已

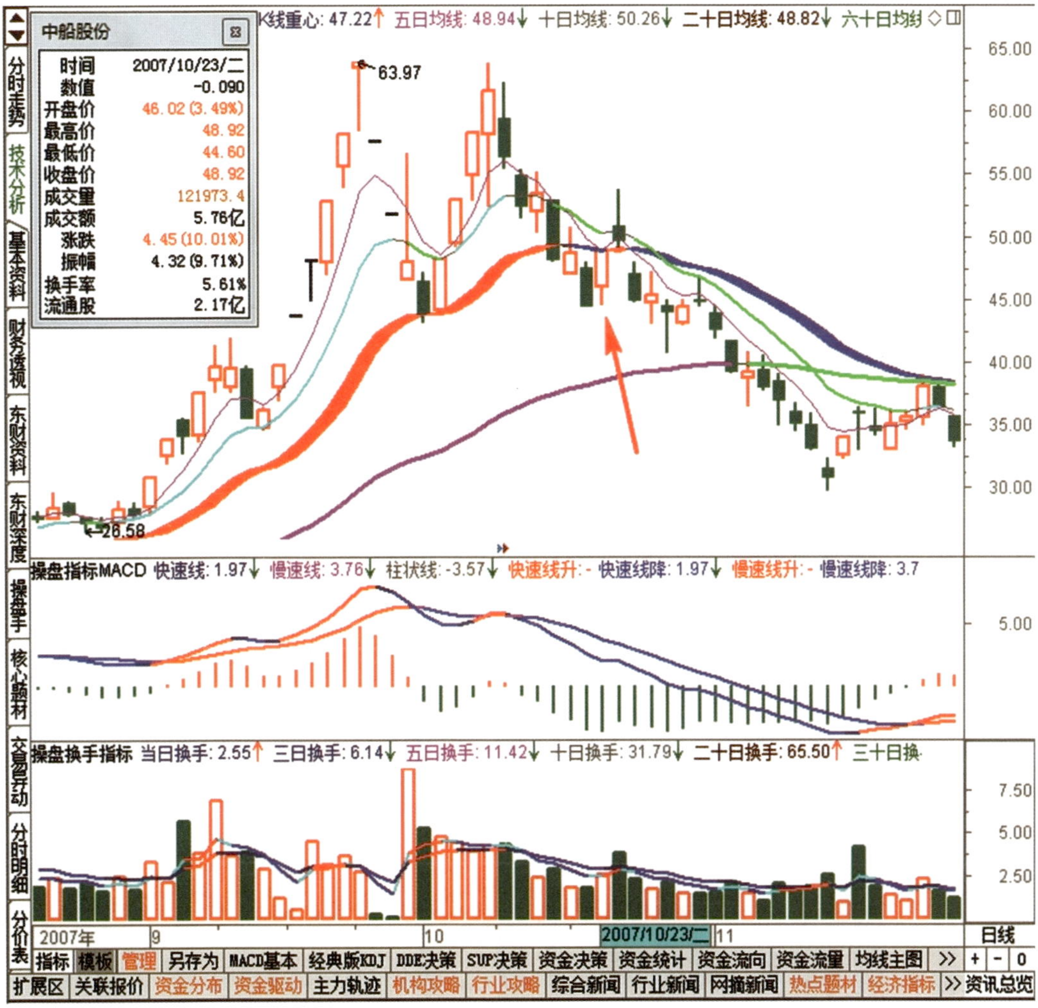

图例 159　中船股份（600072）2007 年 10 月 23 日下跌中继涨停 K 线走势图谱回忆

经大幅萎缩。当时涨停不过是跟风盘造成的抢筹结果而导致的假象。当天换手率达到 15%，主力利用盘中涨停出货。次日该股开盘即展开下跌，随后跌幅接近 40%，跌幅巨大。当天进场的投资者在次日即被套牢，损失惨重！如图例 160 所示：

【道破涨停天机】实战图谱 160

下跌中继型涨停陷阱一般均会出现在明显的下跌通道中，短期内技术指标出现超卖状态，量价形态上符合短线技术性反弹的要求。此时，往往会出现下跌中继涨停的陷阱。

图例 160 高金食品（002143）2007 年 9 月 20 日下跌中继涨停 K 线走势图谱回忆

无论是头部出现的假突破陷阱和下跌中继反弹陷阱，作为投资者和职业操盘手，均必须要严格遵守以下操盘纪律：

第一，不明朗市不入。股价走势还未形成明确的上涨趋势，临盘就坚决不要自以为自作出投资买入的冲动。股价在经历一轮大幅的下跌之后，如没有形成明确的底部特征，量价结构没有明确的买入信号，就坚决不要进入。

第二，波段涨幅过高不入。股价在前期已经形成一轮涨幅巨大的波段，主力在做完第一阶段盘头后再次拉升，这基本上是最后的晚餐。这种情况，无论盘中股价走势多么强劲，临盘坚决不参与主力的表演。

第三，买卖不贪心。一个人在股市里进出，市场风险巨大，个人力量十分缈小，不堪一击。因此，当股价上涨时，要学会守住利润。当股价出现破位下跌时，则要学会必须止损。止损的目的是为了降低进一步随之而来的更大的损失，防御更大的市场风险。

第五章

涨停技术实训方案

职业操盘培训要点：

（一）了解和掌握各个时间段涨停的主要形式。

（二）了解和掌握各个时间段涨停的操盘意义。

（三）了解和掌握二波涨停的操盘精髓。

（四）了解和掌握三波涨停的操盘精髓。

（五）了解和掌握多波涨停的操盘精髓。

第一节　底部区域涨停技术训练

【道破涨停天机】实战图谱 161

图例 161　底部区域涨停技术实训图谱

涨停技术实训要领：

对照软件，认真观察实训图谱，然后把自己的学习心得写下来，坚持下去。

（一）空间位置：____

（二）K线结构：____________________

（三）均线结构：____________________

（四）量能结构：____________________

（五）操作策略：____________________

【道破涨停天机】实战图谱 162

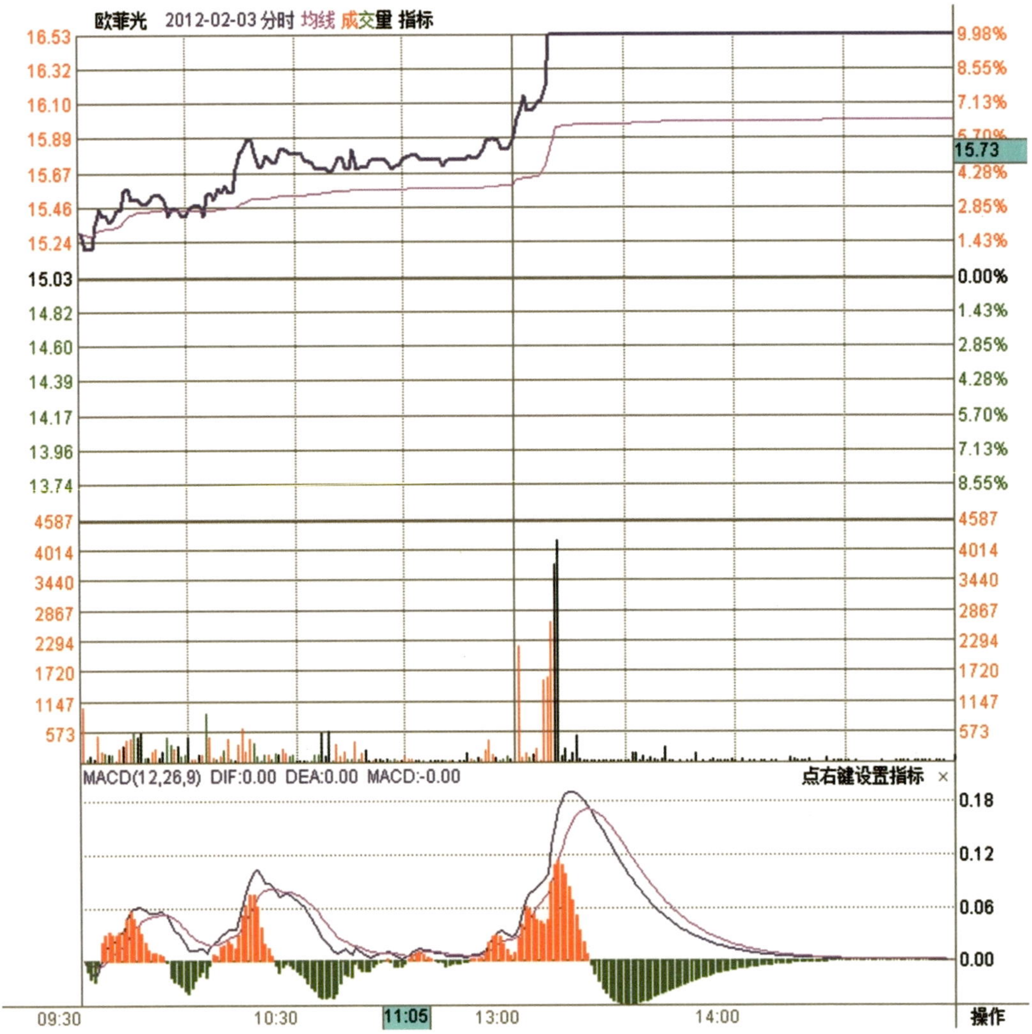

图例 162　底部区域涨停技术实训图谱

涨停技术实训要领：

对照软件，认真观察实训图谱，然后把自己的学习心得写下来，坚持下去。

（一）空间位置：________________

（二）K 线结构：________________

（三）均线结构：________________

（四）量能结构：________________

（五）操作策略：________________

【道破涨停天机】实战图谱 163

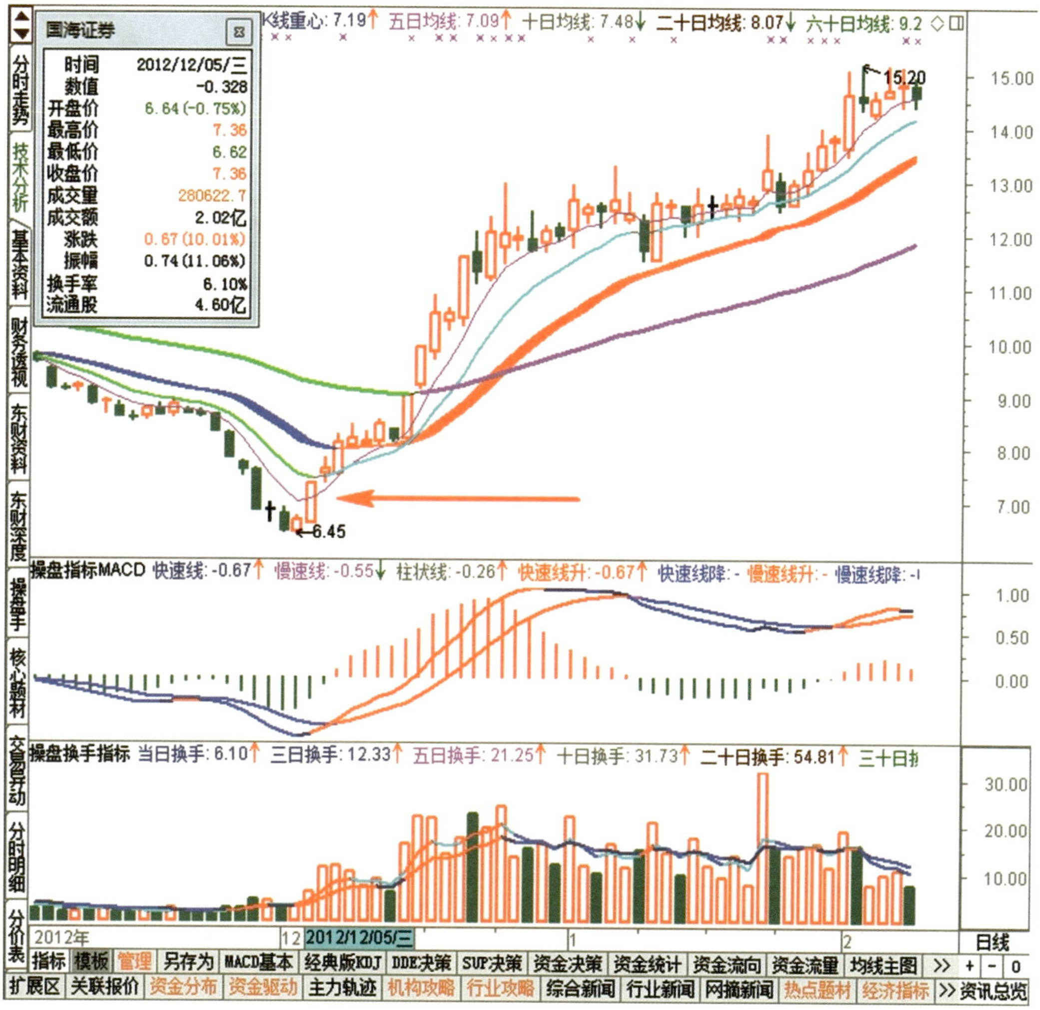

图例 163　底部区域涨停技术实训图谱

涨停技术实训要领：

对照软件，认真观察实训图谱，然后把自己的学习心得写下来，坚持下去。

（一）空间位置：________________

（二）K 线结构：________________

（三）均线结构：________________

（四）量能结构：________________

（五）操作策略：________________

【道破涨停天机】实战图谱 164

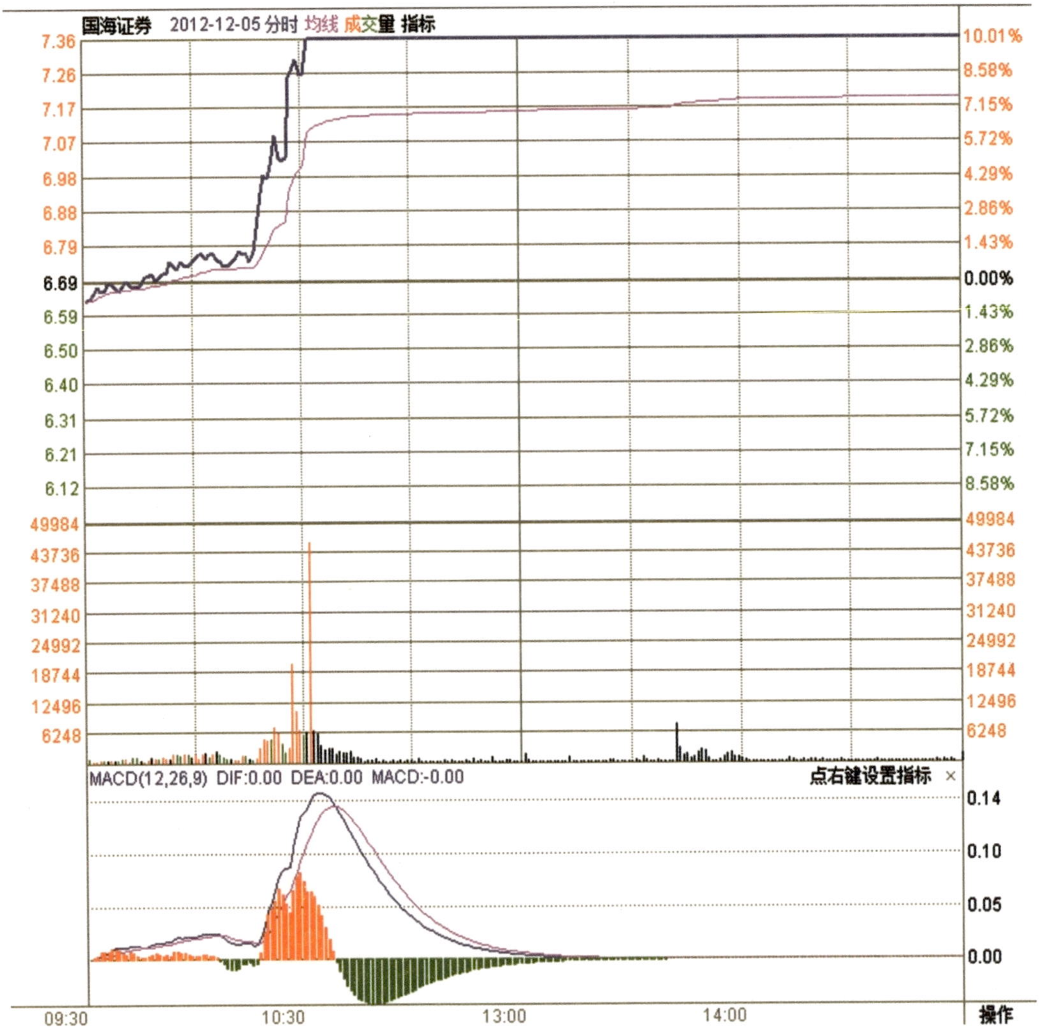

图例 164　底部区域涨停技术实训图谱

涨停技术实训要领：

对照软件，认真观察实训图谱，然后把自己的学习心得写下来，坚持下去。

（一）空间位置：____

（二）K 线结构：____

（三）均线结构：____

（四）量能结构：____

（五）操作策略：____

【道破涨停天机】实战图谱 165

图例 165　底部区域涨停技术实训图谱

涨停技术实训要领：

对照软件，认真观察实训图谱，然后把自己的学习心得写下来，坚持下去。

（一）空间位置：________________

（二）K 线结构：________________

（三）均线结构：________________

（四）量能结构：________________

（五）操作策略：________________

【道破涨停天机】实战图谱 166

图例 166　底部区域涨停技术实训图谱

涨停技术实训要领：

对照软件，认真观察实训图谱，然后把自己的学习心得写下来，坚持下去。

（一）空间位置：______________________________

（二）K 线结构：______________________________

（三）均线结构：______________________________

（四）量能结构：______________________________

（五）操作策略：______________________________

【道破涨停天机】实战图谱 167

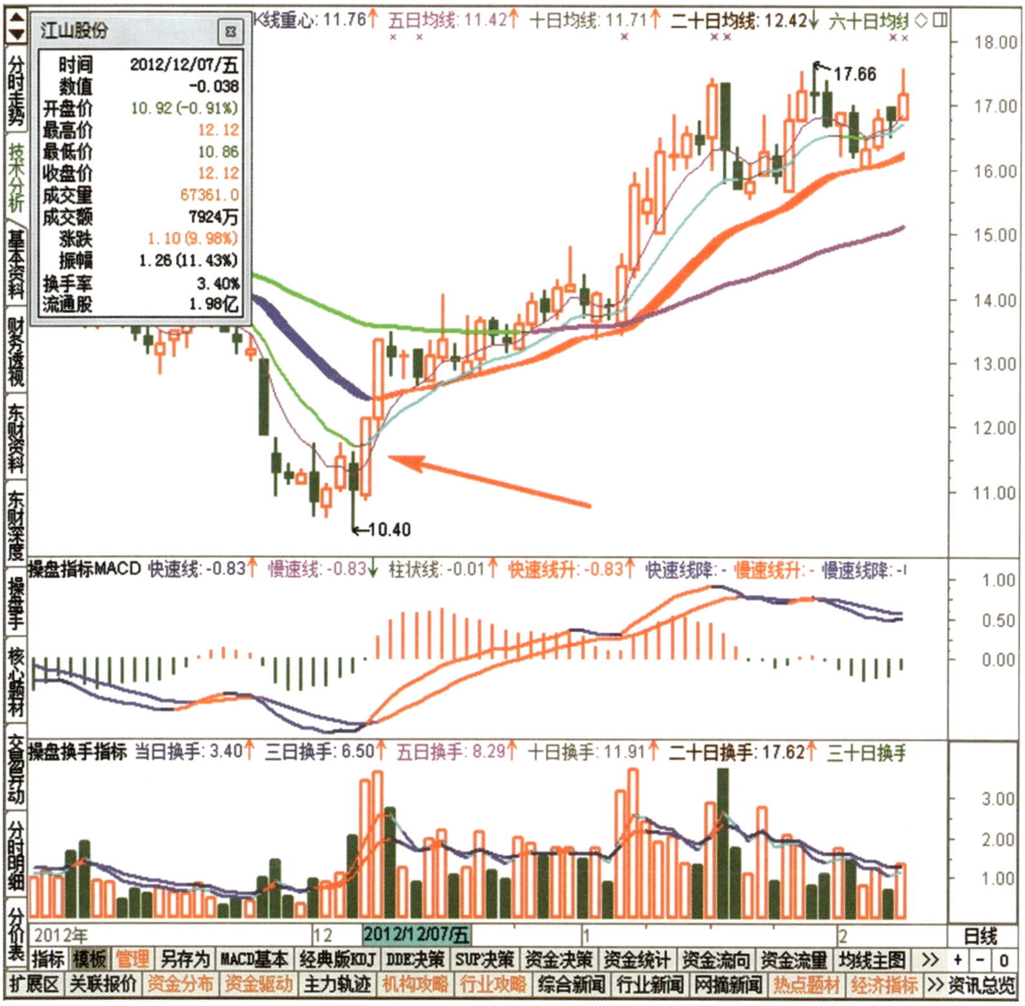

图例 167　底部区域涨停技术实训图谱

涨停技术实训要领：

对照软件，认真观察实训图谱，然后把自己的学习心得写下来，坚持下去。

（一）空间位置：____

（二）K 线结构：____

（三）均线结构：____

（四）量能结构：____

（五）操作策略：____

【道破涨停天机】实战图谱 168

图例 168 底部区域涨停技术实训图谱

涨停技术实训要领：

对照软件，认真观察实训图谱，然后把自己的学习心得写下来，坚持下去。

（一）空间位置：________________________________

（二）K 线结构：________________________________

（三）均线结构：________________________________

（四）量能结构：________________________________

（五）操作策略：________________________________

【道破涨停天机】实战图谱 169

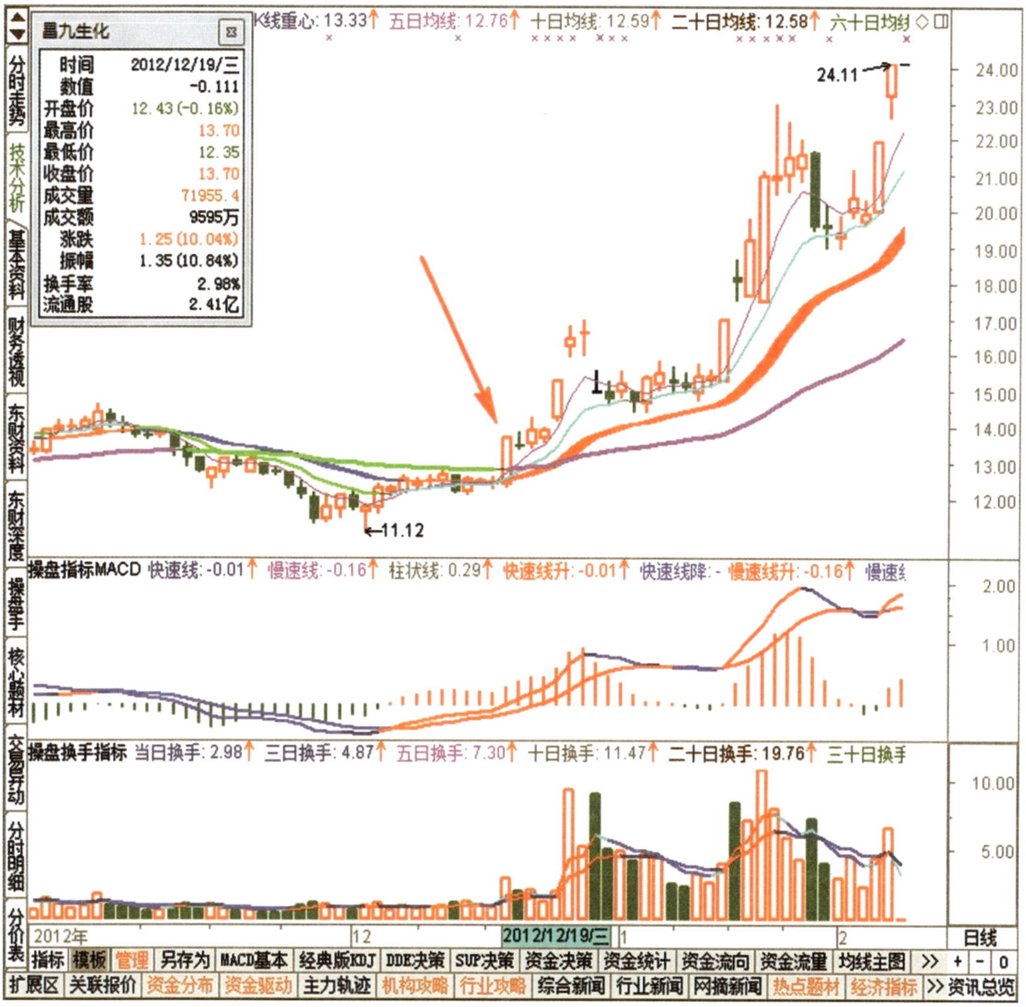

图例 169　底部区域涨停技术实训图谱

涨停技术实训要领：

对照软件，认真观察实训图谱，然后把自己的学习心得写下来，坚持下去。

（一）空间位置：________________

（二）K 线结构：________________

（三）均线结构：________________

（四）量能结构：________________

（五）操作策略：________________

【道破涨停天机】实战图谱 170

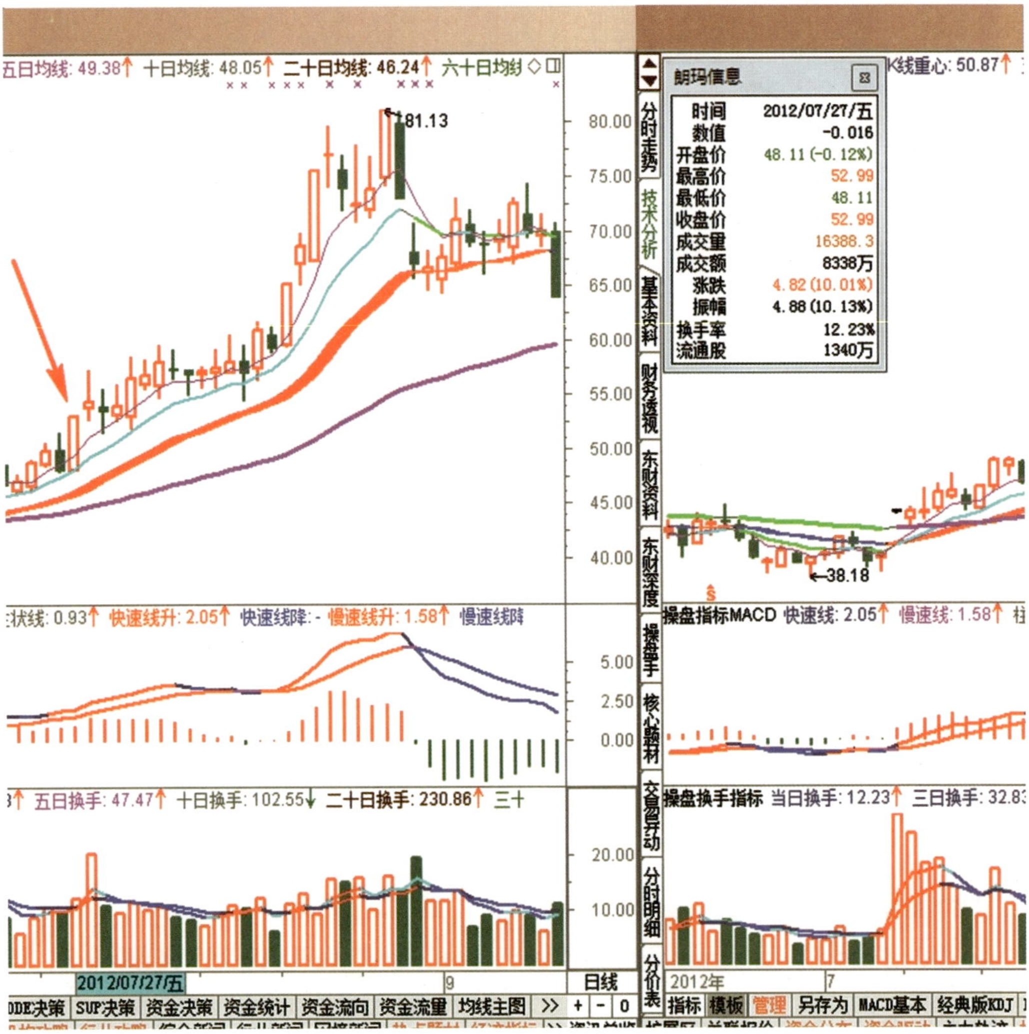

图例 170　底部区域涨停技术实训图谱

涨停技术实训要领：

对照软件，认真观察实训图谱，然后把自己的学习心得写下来，坚持下去。

（一）空间位置：________________

（二）K 线结构：________________

（三）均线结构：________________

（四）量能结构：________________

（五）操作策略：________________

第二节　拉升初期涨停技术训练

【道破涨停天机】实战图谱 171

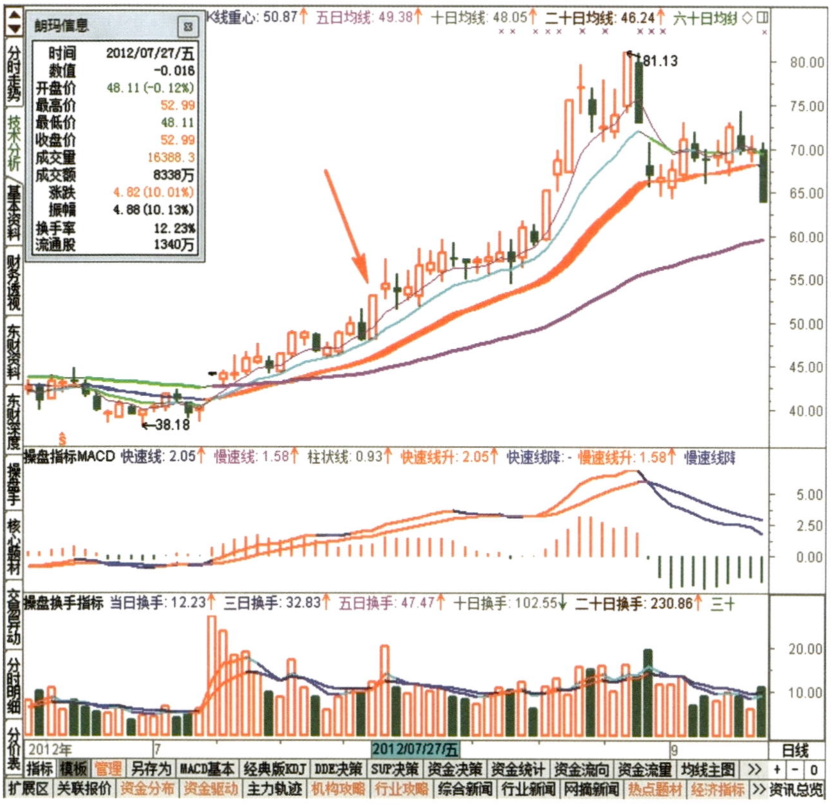

图例 171　拉升初期涨停技术实训图谱

涨停技术实训要领：

对照软件，认真观察实训图谱，然后把自己的学习心得写下来，坚持下去。

（一）空间位置：______________________________

（二）K 线结构：______________________________

（三）均线结构：______________________________

（四）量能结构：______________________________

（五）操作策略：______________________________

【道破涨停天机】实战图谱 172

图例 172 拉升初期涨停技术实训图谱

涨停技术实训要领：

对照软件，认真观察实训图谱，然后把自己的学习心得写下来，坚持下去。

（一）空间位置：________________________________

（二）K 线结构：________________________________

（三）均线结构：________________________________

（四）量能结构：________________________________

（五）操作策略：________________________________

【道破涨停天机】实战图谱 173

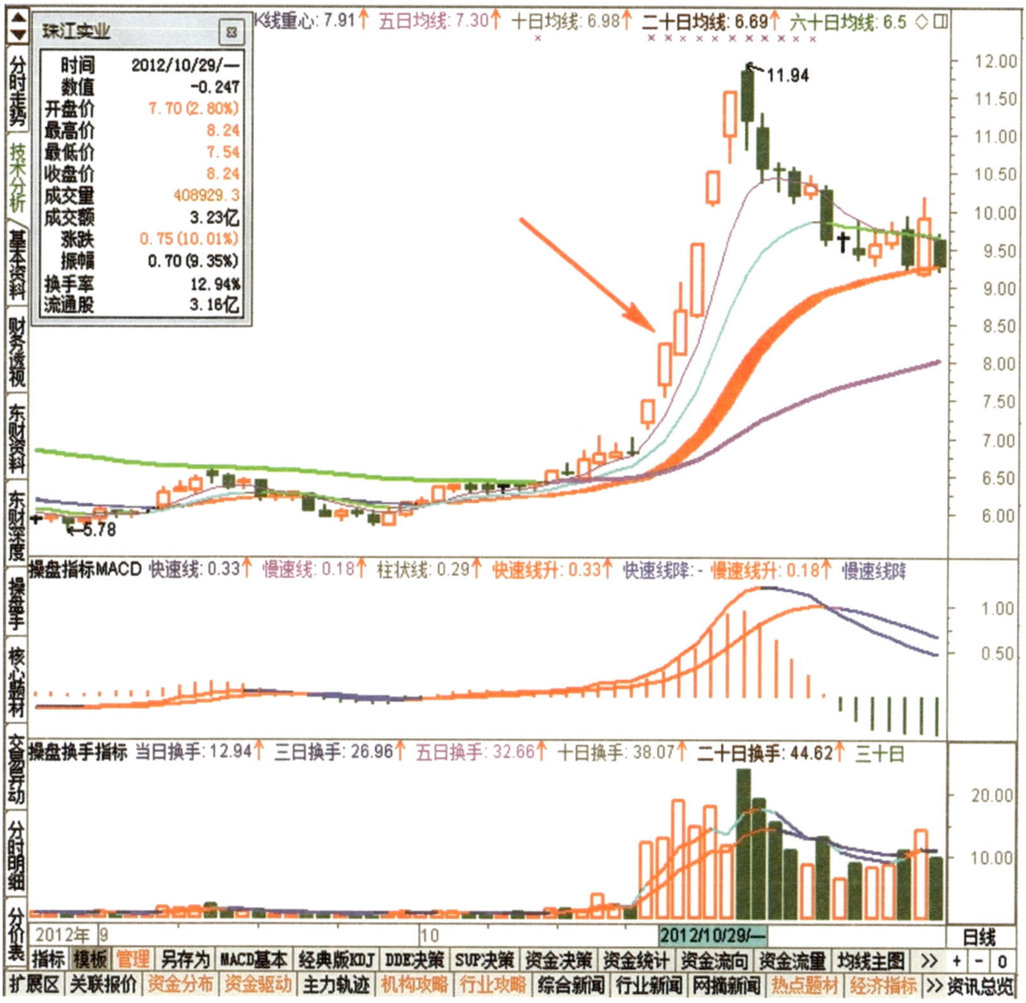

图例 173　拉升初期涨停技术实训图谱

涨停技术实训要领：

对照软件，认真观察实训图谱，然后把自己的学习心得写下来，坚持下去。

（一）空间位置：________________

（二）K 线结构：________________

（三）均线结构：________________

（四）量能结构：________________

（五）操作策略：________________

【道破涨停天机】实战图谱 174

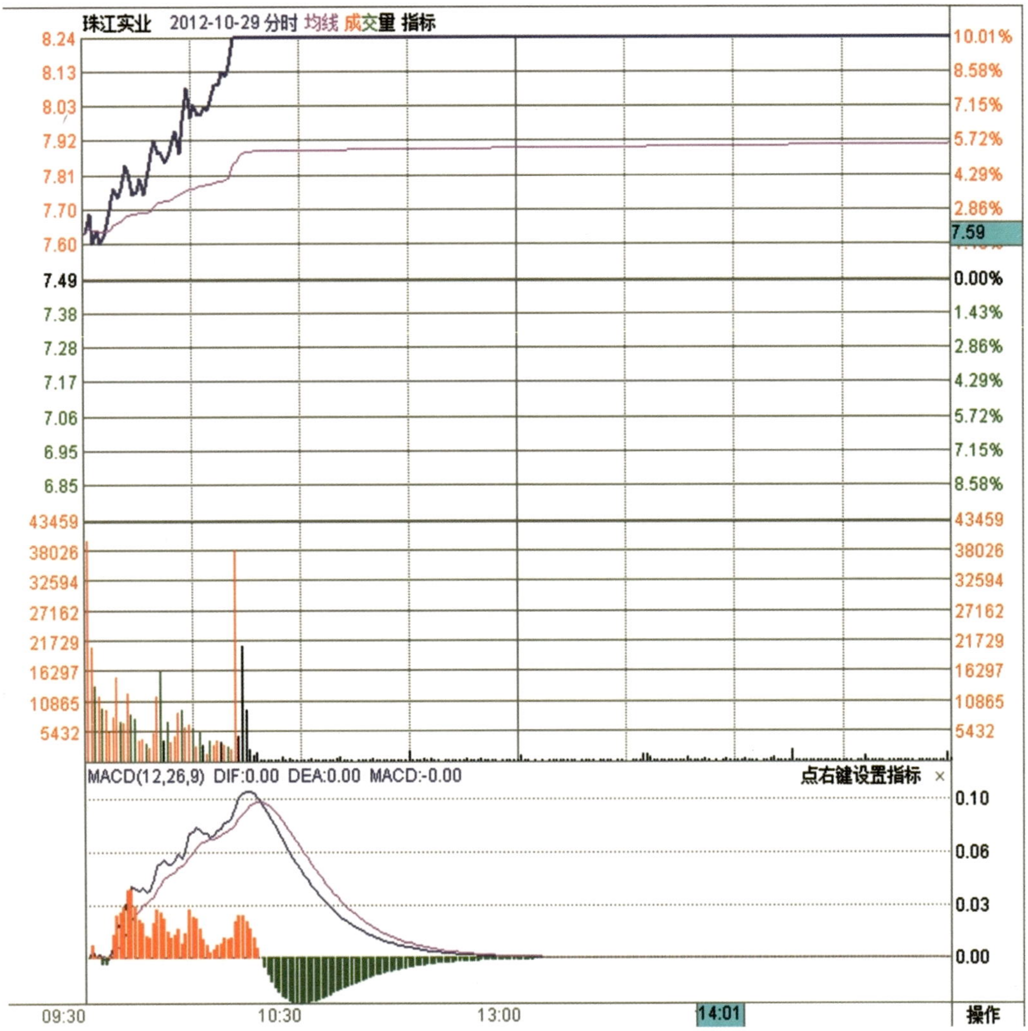

图例 174 拉升初期涨停技术实训图谱

涨停技术实训要领：

对照软件，认真观察实训图谱，然后把自己的学习心得写下来，坚持下去。

（一）空间位置：______________________________

（二）K 线结构：______________________________

（三）均线结构：______________________________

（四）量能结构：______________________________

（五）操作策略：______________________________

【道破涨停天机】实战图谱 175

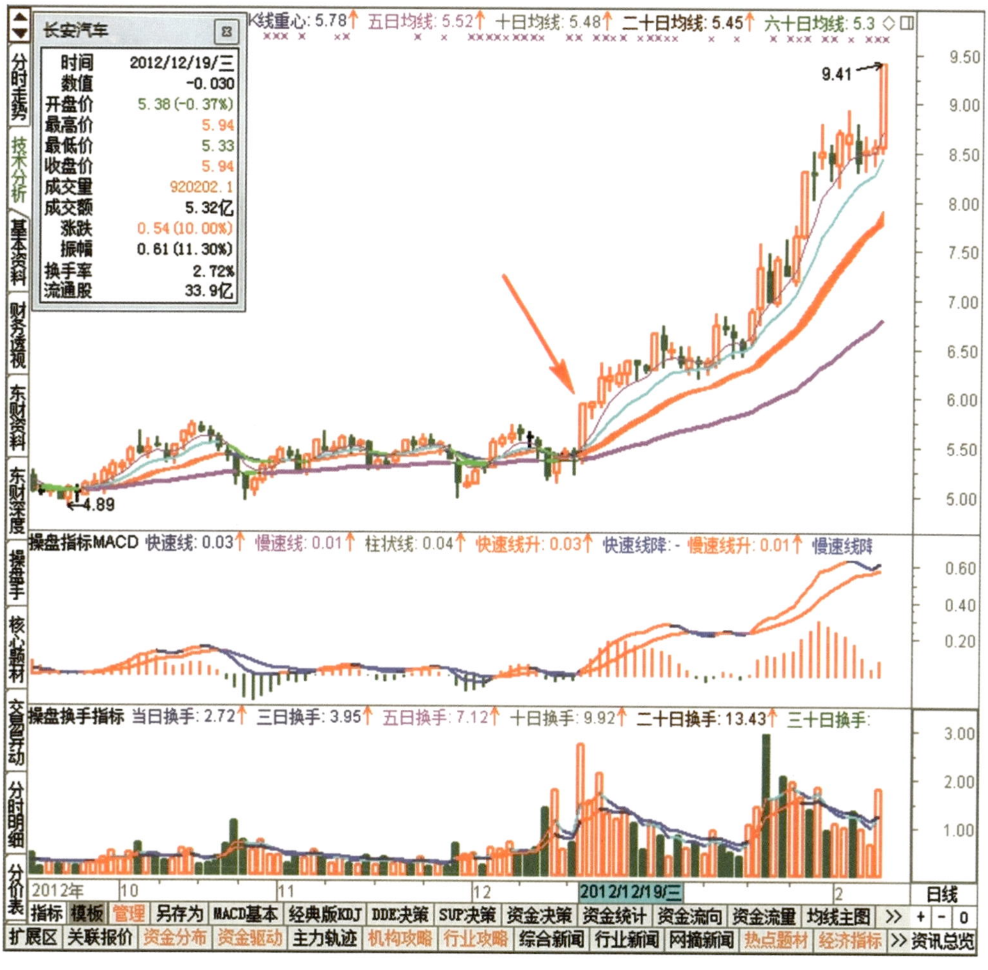

图例 175 拉升初期涨停技术实训图谱

涨停技术实训要领：

对照软件，认真观察实训图谱，然后把自己的学习心得写下来，坚持下去。

（一）空间位置：________________

（二）K线结构：________________

（三）均线结构：________________

（四）量能结构：________________

（五）操作策略：________________

【道破涨停天机】实战图谱 176

图例 176　拉升初期涨停技术实训图谱

涨停技术实训要领：

对照软件，认真观察实训图谱，然后把自己的学习心得写下来，坚持下去。

（一）空间位置：________________

（二）K 线结构：________________

（三）均线结构：________________

（四）量能结构：________________

（五）操作策略：________________

【道破涨停天机】实战图谱 177

图例 177　拉升初期涨停技术实训图谱

涨停技术实训要领：

对照软件，认真观察实训图谱，然后把自己的学习心得写下来，坚持下去。

（一）空间位置：________________

（二）K 线结构：________________

（三）均线结构：________________

（四）量能结构：________________

（五）操作策略：________________

【道破涨停天机】实战图谱 178

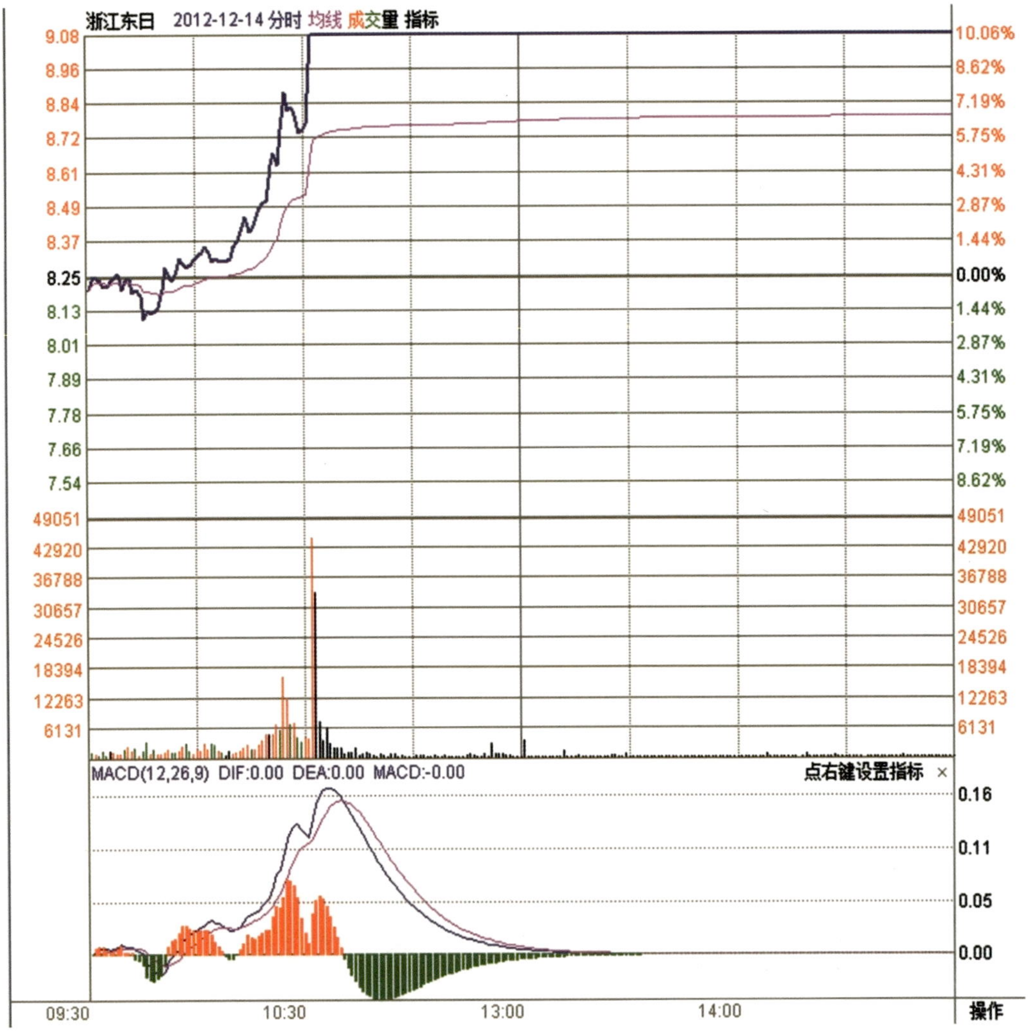

图例 178 拉升初期涨停技术实训图谱

涨停技术实训要领：

对照软件，认真观察实训图谱，然后把自己的学习心得写下来，坚持下去。

（一）空间位置：________________

（二）K 线结构：________________

（三）均线结构：________________

（四）量能结构：________________

（五）操作策略：________________

【道破涨停天机】实战图谱 179

图例 179　拉升初期涨停技术实训图谱

涨停技术实训要领：

对照软件，认真观察实训图谱，然后把自己的学习心得写下来，坚持下去。

（一）空间位置：________________

（二）K 线结构：________________

（三）均线结构：________________

（四）量能结构：________________

（五）操作策略：________________

【道破涨停天机】实战图谱 180

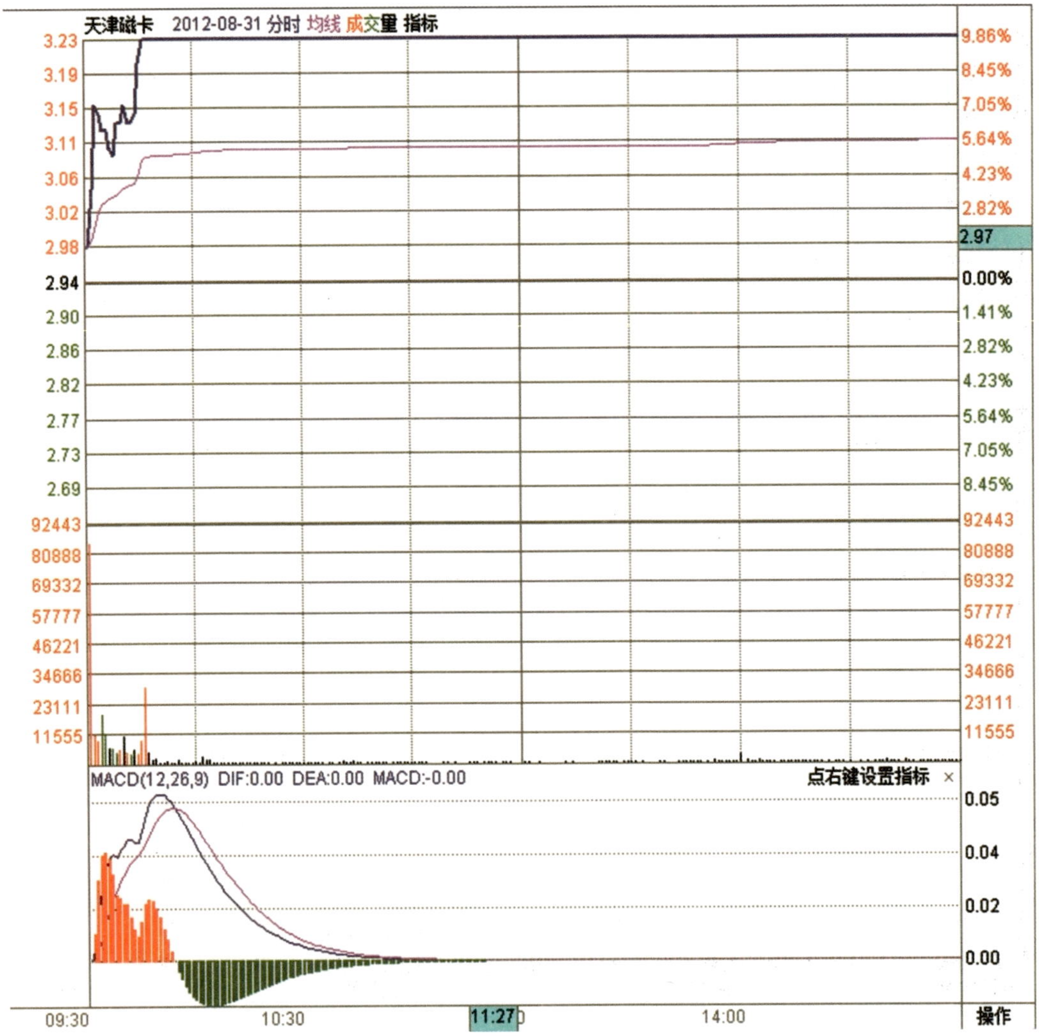

图例 180　拉升初期涨停技术实训图谱

涨停技术实训要领：

对照软件，认真观察实训图谱，然后把自己的学习心得写下来，坚持下去。

（一）空间位置：______________________________

（二）K 线结构：______________________________

（三）均线结构：______________________________

（四）量能结构：______________________________

（五）操作策略：______________________________

第三节　拉升中期涨停技术训练

【道破涨停天机】实战图谱 181

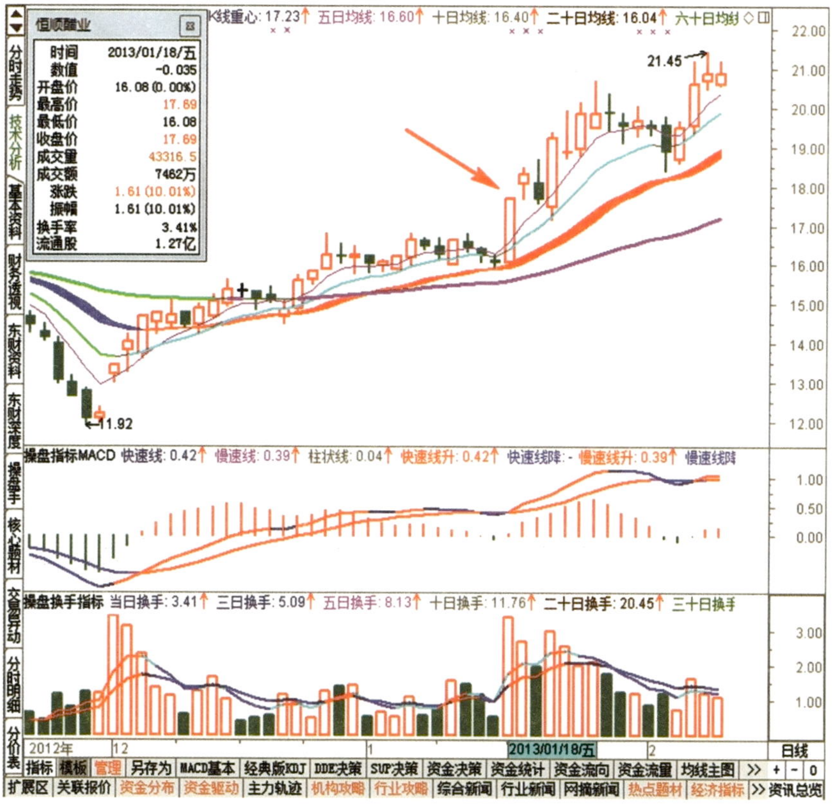

图例 181　拉升中期涨停技术实训图谱

涨停技术实训要领：

对照软件，认真观察实训图谱，然后把自己的学习心得写下来，坚持下去。

（一）空间位置：______________________________

（二）K 线结构：______________________________

（三）均线结构：______________________________

（四）量能结构：______________________________

（五）操作策略：______________________________

【道破涨停天机】实战图谱 182

图例 182　拉升中期涨停技术实训图谱

涨停技术实训要领：

对照软件，认真观察实训图谱，然后把自己的学习心得写下来，坚持下去。

（一）空间位置：________________

（二）K 线结构：________________

（三）均线结构：________________

（四）量能结构：________________

（五）操作策略：________________

【道破涨停天机】实战图谱 183

图例 183 拉升中期涨停技术实训图谱

涨停技术实训要领：

对照软件，认真观察实训图谱，然后把自己的学习心得写下来，坚持下去。

（一）空间位置：________________

（二）K 线结构：________________

（三）均线结构：________________

（四）量能结构：________________

（五）操作策略：________________

【道破涨停天机】实战图谱 184

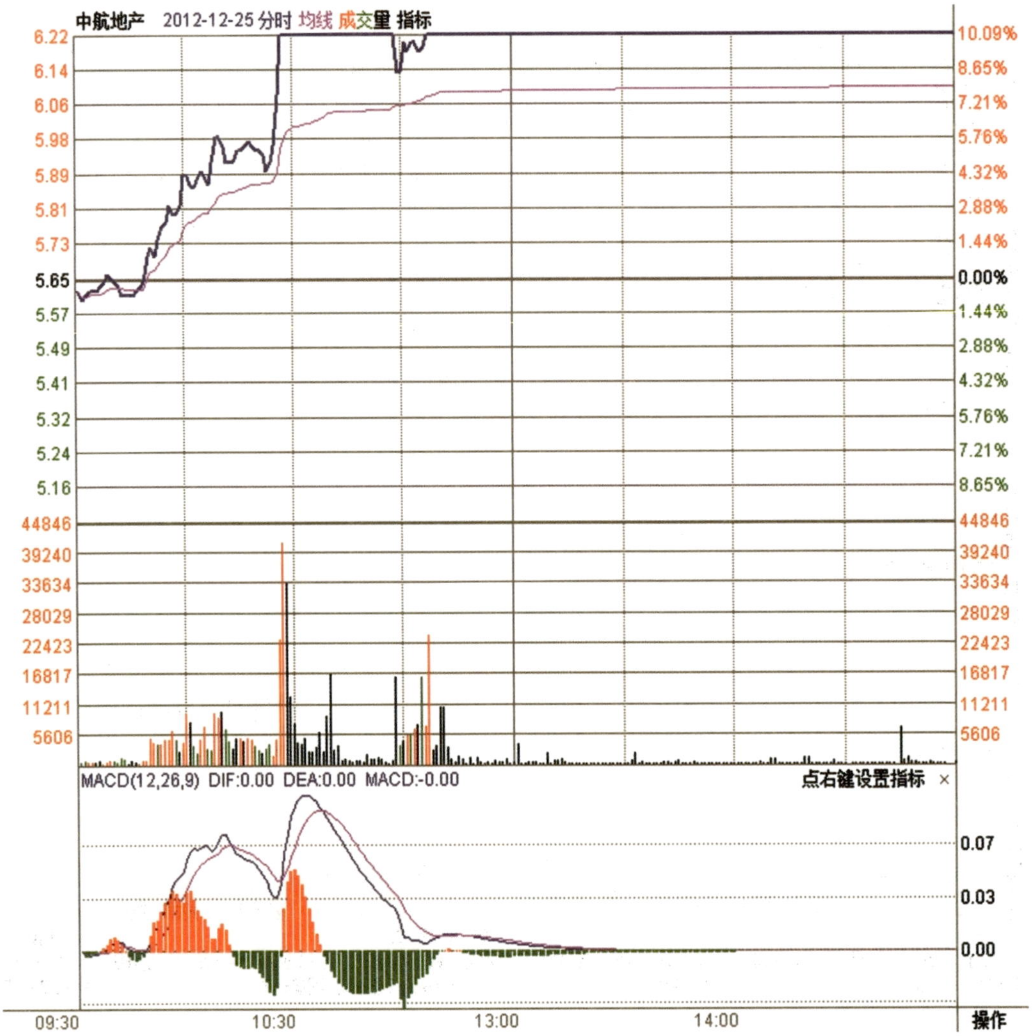

图例 184 拉升中期涨停技术实训图谱

涨停技术实训要领：

对照软件，认真观察实训图谱，然后把自己的学习心得写下来，坚持下去。

（一）空间位置：____________________

（二）K 线结构：____________________

（三）均线结构：____________________

（四）量能结构：____________________

（五）操作策略：____________________

【道破涨停天机】实战图谱 185

图例 185 拉升中期涨停技术实训图谱

涨停技术实训要领：

对照软件，认真观察实训图谱，然后把自己的学习心得写下来，坚持下去。

（一）空间位置：________________

（二）K 线结构：________________

（三）均线结构：________________

（四）量能结构：________________

（五）操作策略：________________

【道破涨停天机】实战图谱 186

图例 186　拉升中期涨停技术实训图谱

涨停技术实训要领：

对照软件，认真观察实训图谱，然后把自己的学习心得写下来，坚持下去。

（一）空间位置：________________________________

（二）K 线结构：________________________________

（三）均线结构：________________________________

（四）量能结构：________________________________

（五）操作策略：________________________________

【道破涨停天机】实战图谱 187

图例 187 拉升中期涨停技术实训图谱

涨停技术实训要领：

对照软件，认真观察实训图谱，然后把自己的学习心得写下来，坚持下去。

（一）空间位置：________________

（二）K线结构：________________

（三）均线结构：________________

（四）量能结构：________________

（五）操作策略：________________

【道破涨停天机】实战图谱 188

图例 188　拉升中期涨停技术实训图谱

涨停技术实训要领：

对照软件，认真观察实训图谱，然后把自己的学习心得写下来，坚持下去。

（一）空间位置：________________

（二）K 线结构：________________

（三）均线结构：________________

（四）量能结构：________________

（五）操作策略：________________

【道破涨停天机】实战图谱 189

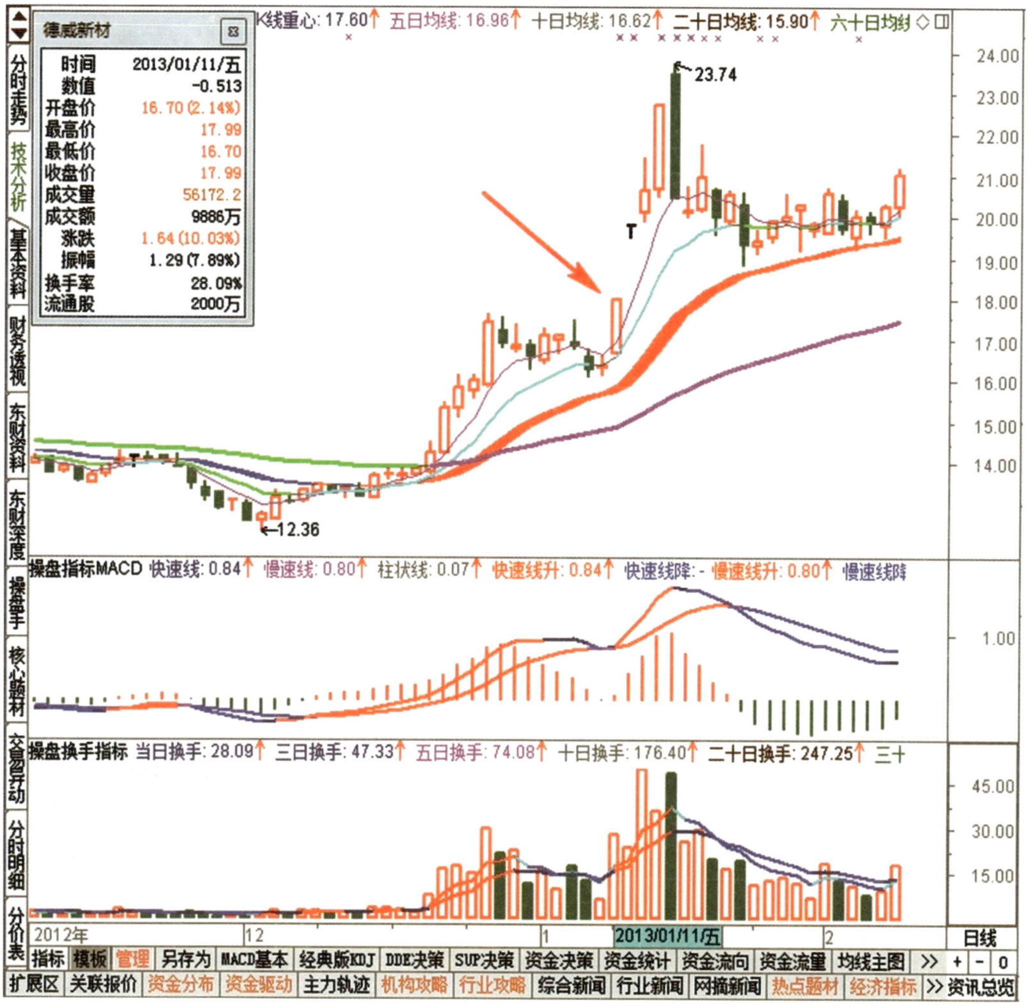

图例 189　拉升中期涨停技术实训图谱

涨停技术实训要领：

对照软件，认真观察实训图谱，然后把自己的学习心得写下来，坚持下去。

（一）空间位置：____________________

（二）K 线结构：____________________

（三）均线结构：____________________

（四）量能结构：____________________

（五）操作策略：____________________

【道破涨停天机】实战图谱 190

图例 190　拉升中期涨停技术实训图谱

涨停技术实训要领：

对照软件，认真观察实训图谱，然后把自己的学习心得写下来，坚持下去。

（一）空间位置：______________________________

（二）K 线结构：______________________________

（三）均线结构：______________________________

（四）量能结构：______________________________

（五）操作策略：______________________________

第四节　拉升末期涨停技术训练

【道破涨停天机】实战图谱 191

图例 191　拉升末期涨停技术实训图谱

涨停技术实训要领：

对照软件，认真观察实训图谱，然后把自己的学习心得写下来，坚持下去。

（一）空间位置：________________

（二）K 线结构：________________

（三）均线结构：________________

（四）量能结构：________________

（五）操作策略：________________

【道破涨停天机】实战图谱 192

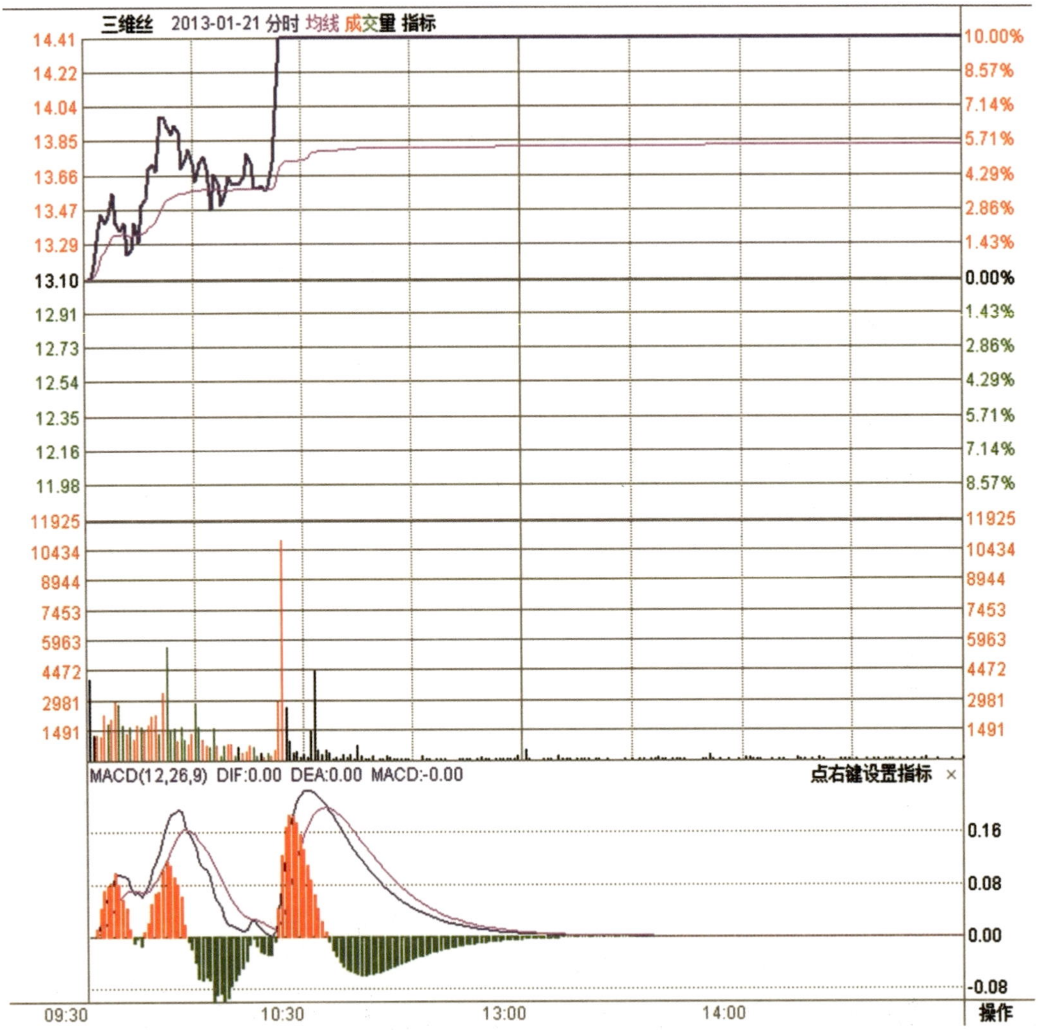

图例 192 拉升末期涨停技术实训图谱

涨停技术实训要领：

对照软件，认真观察实训图谱，然后把自己的学习心得写下来，坚持下去。

（一）空间位置：____

（二）K 线结构：____

（三）均线结构：____

（四）量能结构：____

（五）操作策略：____

【道破涨停天机】实战图谱 193

图例 193　拉升末期涨停技术实训图谱

涨停技术实训要领：

对照软件，认真观察实训图谱，然后把自己的学习心得写下来，坚持下去。

（一）空间位置：______________________________

（二）K 线结构：______________________________

（三）均线结构：______________________________

（四）量能结构：______________________________

（五）操作策略：______________________________

【道破涨停天机】实战图谱 194

图例 194 拉升末期涨停技术实训图谱

涨停技术实训要领：

对照软件，认真观察实训图谱，然后把自己的学习心得写下来，坚持下去。

（一）空间位置：________________________________

（二）K 线结构：________________________________

（三）均线结构：________________________________

（四）量能结构：________________________________

（五）操作策略：________________________________

【道破涨停天机】实战图谱 195

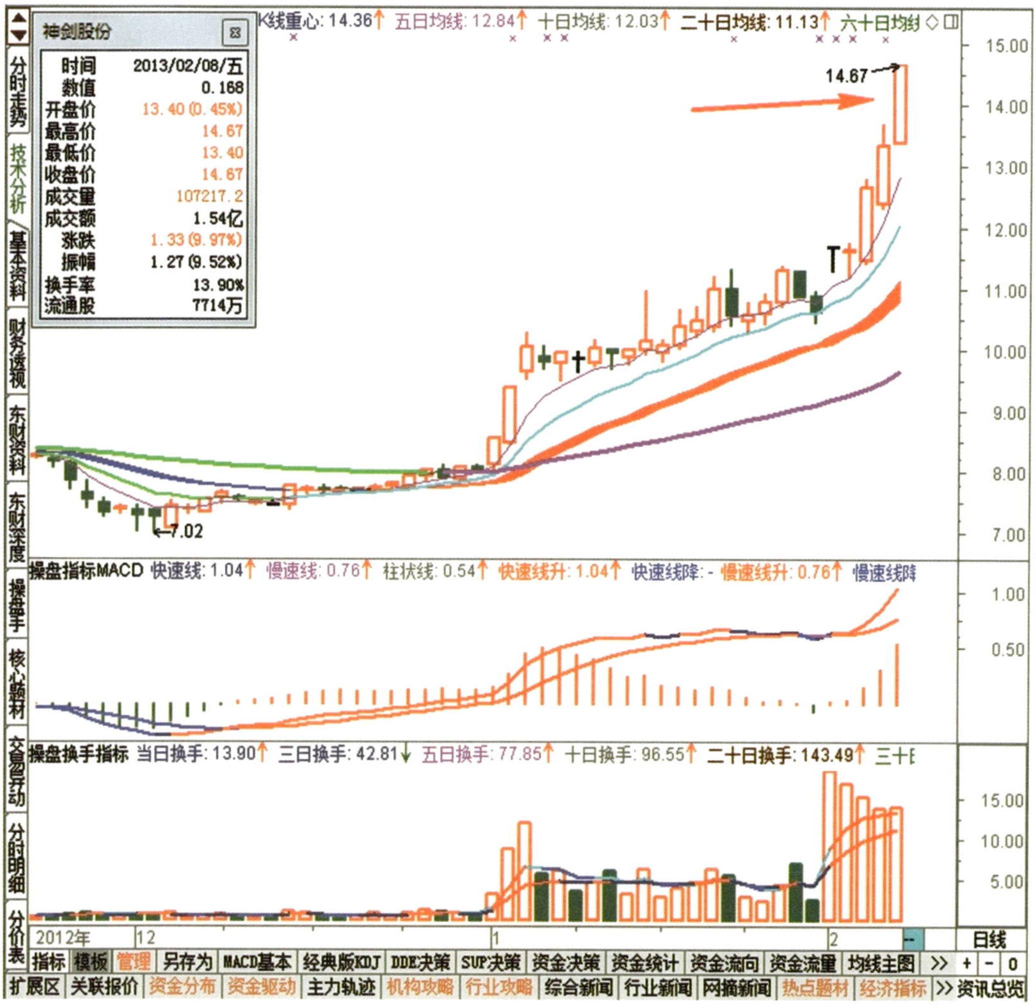

图例 195　拉升末期涨停技术实训图谱

涨停技术实训要领：

对照软件，认真观察实训图谱，然后把自己的学习心得写下来，坚持下去。

（一）空间位置：______________________________

（二）K 线结构：______________________________

（三）均线结构：______________________________

（四）量能结构：______________________________

（五）操作策略：______________________________

【道破涨停天机】实战图谱 196

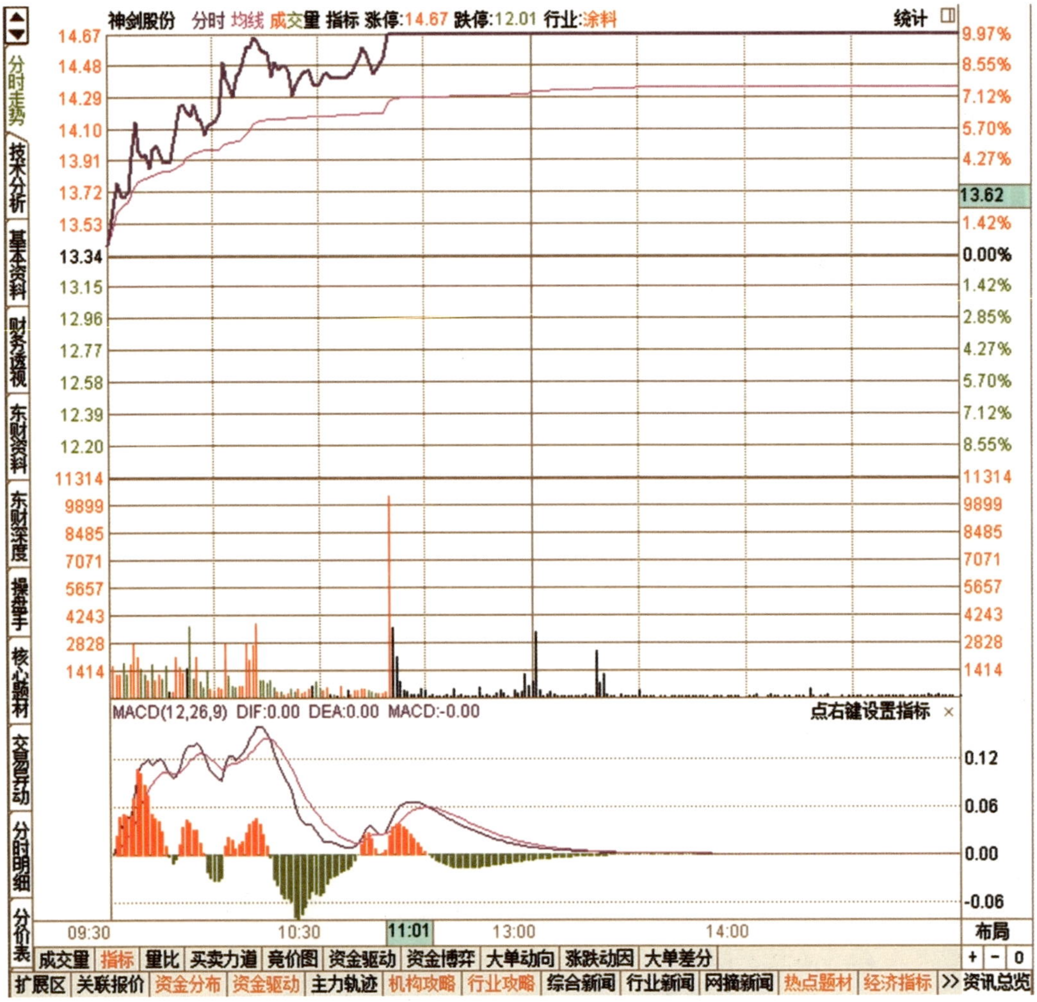

图例 196 拉升末期涨停技术实训图谱

涨停技术实训要领：

对照软件，认真观察实训图谱，然后把自己的学习心得写下来，坚持下去。

（一）空间位置：______________________________

（二）K 线结构：______________________________

（三）均线结构：______________________________

（四）量能结构：______________________________

（五）操作策略：______________________________

【道破涨停天机】实战图谱 197

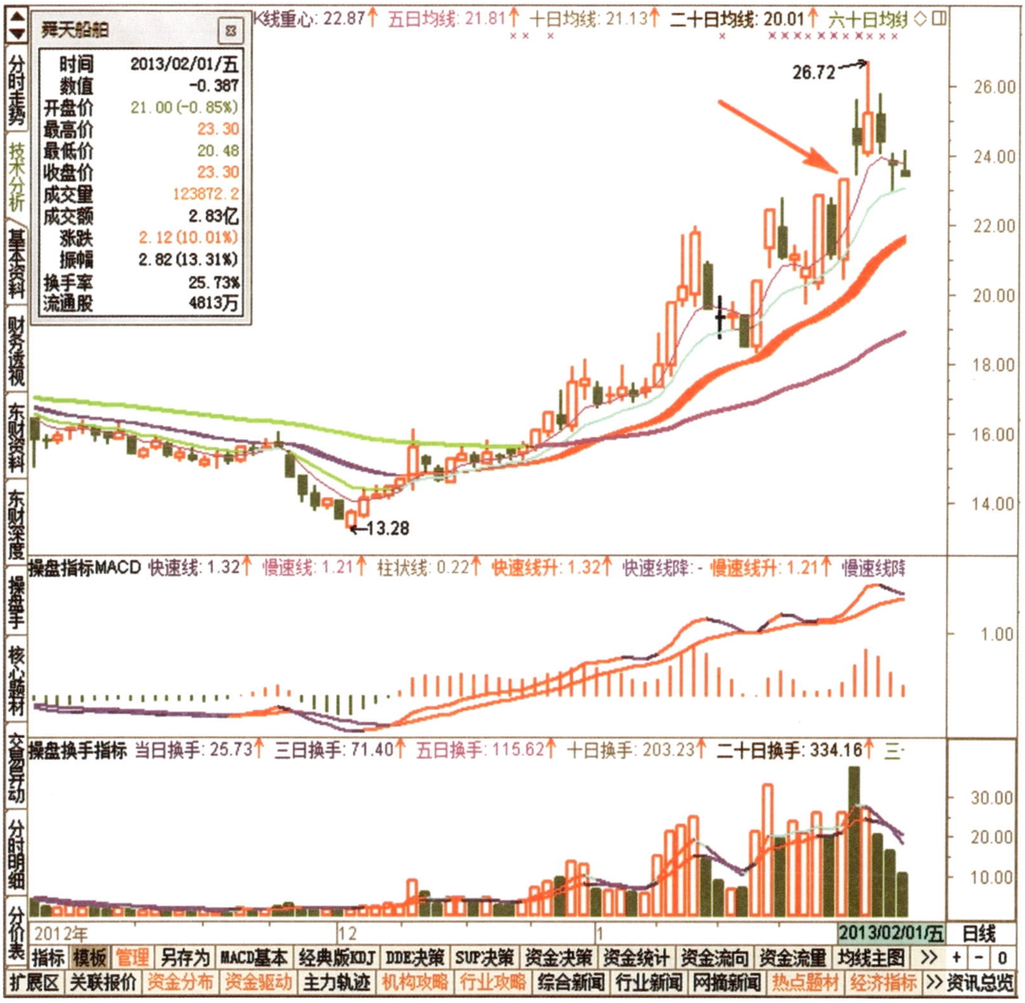

图例 197 拉升末期涨停技术实训图谱

涨停技术实训要领：

对照软件，认真观察实训图谱，然后把自己的学习心得写下来，坚持下去。

（一）空间位置：______________________________

（二）K 线结构：______________________________

（三）均线结构：______________________________

（四）量能结构：______________________________

（五）操作策略：______________________________

【道破涨停天机】实战图谱 198

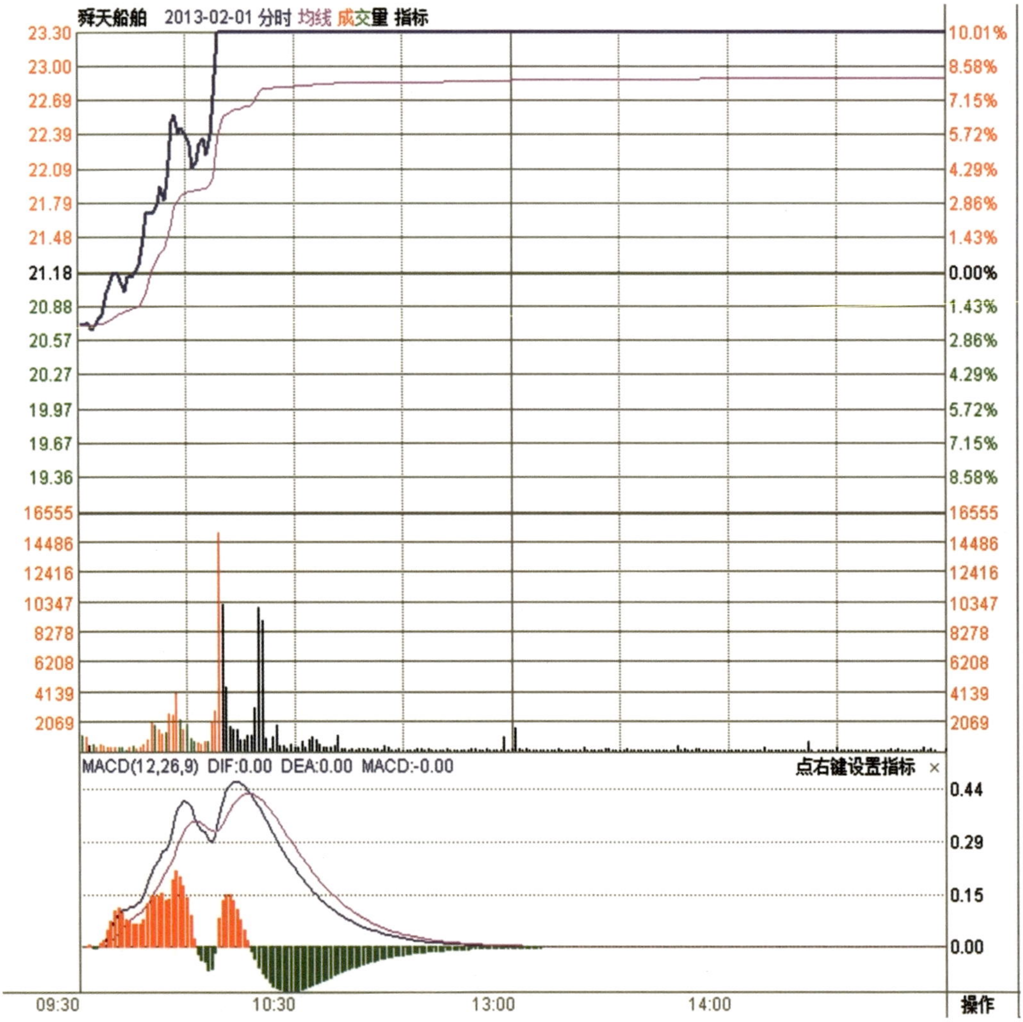

图例 198 拉升末期涨停技术实训图谱

涨停技术实训要领：

对照软件，认真观察实训图谱，然后把自己的学习心得写下来，坚持下去。

（一）空间位置：______________________________

（二）K 线结构：______________________________

（三）均线结构：______________________________

（四）量能结构：______________________________

（五）操作策略：______________________________

【道破涨停天机】实战图谱 199

图例 199　拉升末期涨停技术实训图谱

涨停技术实训要领：

对照软件，认真观察实训图谱，然后把自己的学习心得写下来，坚持下去。

（一）空间位置：______

（二）K 线结构：______

（三）均线结构：______

（四）量能结构：______

（五）操作策略：______

【道破涨停天机】实战图谱 200

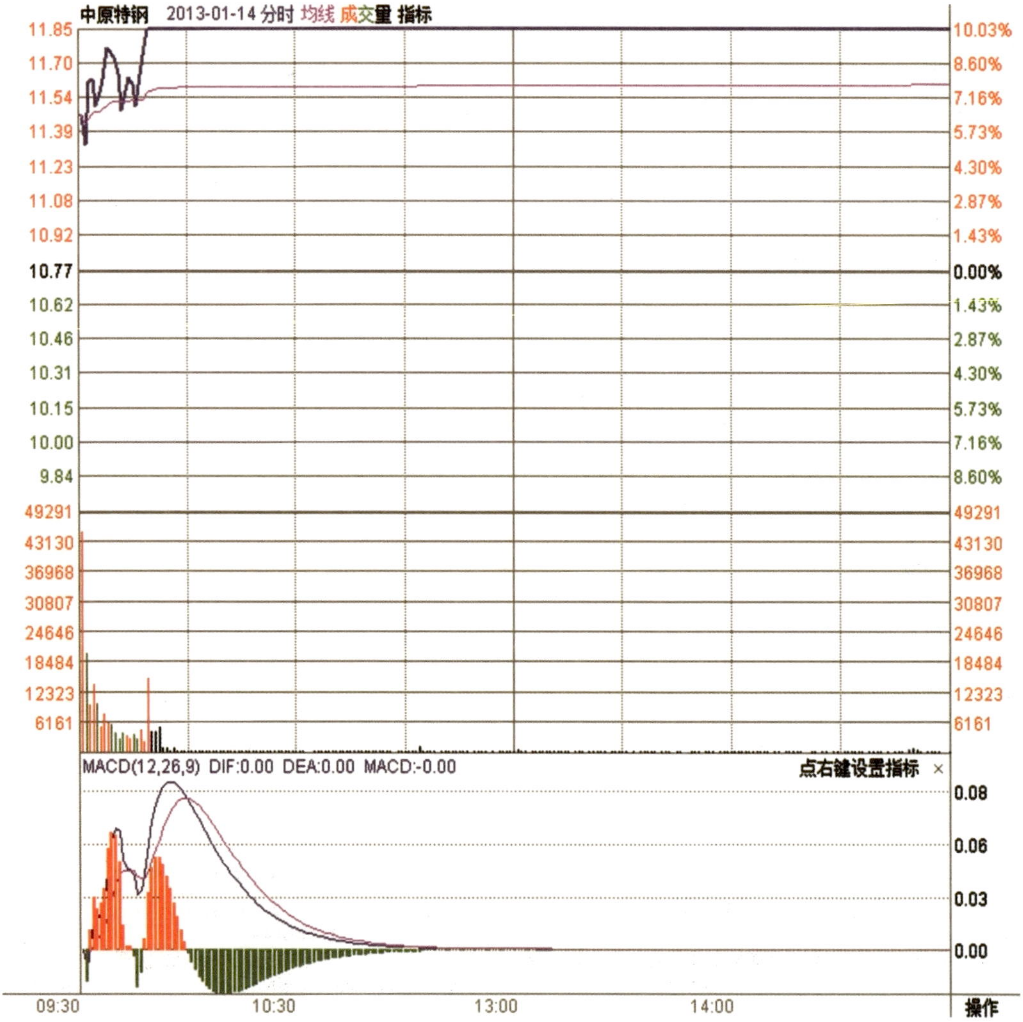

图例 200　拉升末期涨停技术实训图谱

涨停技术实训要领：

对照软件，认真观察实训图谱，然后把自己的学习心得写下来，坚持下去。

（一）空间位置：________________________________

（二）K 线结构：________________________________

（三）均线结构：________________________________

（四）量能结构：________________________________

（五）操作策略：________________________________

第五节　盘头阶段涨停技术训练

【道破涨停天机】实战图谱 201

图例 201　盘头阶段涨停技术实训图谱

涨停技术实训要领：

对照软件，认真观察实训图谱，然后把自己的学习心得写下来，坚持下去。

（一）空间位置：________________

（二）K 线结构：________________

（三）均线结构：________________

（四）量能结构：________________

（五）操作策略：________________

【道破涨停天机】实战图谱 202

图例 202　盘头阶段涨停技术实训图谱

涨停技术实训要领：

对照软件，认真观察实训图谱，然后把自己的学习心得写下来，坚持下去。

（一）空间位置：________________________________

（二）K 线结构：________________________________

（三）均线结构：________________________________

（四）量能结构：________________________________

（五）操作策略：________________________________

【道破涨停天机】实战图谱 203

图例 203　盘头阶段涨停技术实训图谱

涨停技术实训要领：

对照软件，认真观察实训图谱，然后把自己的学习心得写下来，坚持下去。

（一）空间位置：________________

（二）K 线结构：________________

（三）均线结构：________________

（四）量能结构：________________

（五）操作策略：________________

【道破涨停天机】实战图谱 204

图例 204 盘头阶段涨停技术实训图谱

涨停技术实训要领：

对照软件，认真观察实训图谱，然后把自己的学习心得写下来，坚持下去。

（一）空间位置：________________________________

（二）K 线结构：________________________________

（三）均线结构：________________________________

（四）量能结构：________________________________

（五）操作策略：________________________________

【道破涨停天机】实战图谱 205

图例 205　盘头阶段涨停技术实训图谱

涨停技术实训要领：

对照软件，认真观察实训图谱，然后把自己的学习心得写下来，坚持下去。

（一）空间位置：________________

（二）K 线结构：________________

（三）均线结构：________________

（四）量能结构：________________

（五）操作策略：________________

【道破涨停天机】实战图谱 206

图例 206 盘头阶段涨停技术实训图谱

《道破涨停天机》彩图版后记

《道破涨停天机》彩图版至此已经完成。《道破涨停天机》彩图版一书的主要目的是告诉大家如何选择强势股来进行投资，全书两个部分上下册，从上册而至下册，均在描述如何识别准确的买入信号，如何测量股价的波段涨幅，如何识别股价的涨停陷阱，以及操盘手如何在实战中训练自己。本书是一部揭示通过抓住涨停黑马的最高级操盘技术训练教材，旨在指导投资者如何辨别和分析涨停黑马的买入和卖出技术特征，及时做出正确的操盘决策，敬请各位务必用心细细揣摩和领会。

在长期的股市投资过程中，笔者研究发现，大部分强势的短线黑马或中长线大白马都是从第一个涨停板开始，从此展开了它漫长的上涨之旅。从 1997 年到 2007 年，这十年间，有上千只短线或中长线强势股票都是从第一个涨停板开始了它数倍的涨幅；尤其在 2005 年至 2007 年这一轮惊天动地的大牛市中，更是黑马频出，不胜枚举。

本书由于篇幅的限制，以及笔者文字功底的表达能力均有许多不足，因此，留下些许遗憾，在此，请各位读者给予谅解。如果有幸，笔者希望能给予各位积极有用的东西，以最大限度地避免在股市投资中的巨大风险。如果股民朋友能籍此赚钱盈利，那便是对笔者莫大的慰藉。特在此，深深感谢各位读者朋友的支持和厚爱！因为机构事务繁忙，就没时间一一解答各位读者的疑难问题了，请理解和支持。关于操盘手训练问题，各位读者可以从下册的第五章开始，自我训练。其他就不多说了。

昨天有个朋友发邮件给我说，伍老师，我记得上周你曾讲过大盘还会涨，怎么转眼没两天就说大盘要跌了呢？你这个风格转换也太快了吧，是不是技术有问题啊？

我哈哈大笑。我说，不是我转换太快，而是你忘记了这个市场的生存法则。

这个市场的生存法则是什么？

就是物竞天择，适者生存。

我们这个股市最大特点就是变化，永远一成不变的就是变化。

既然市场在变，我们就应该根据市场的动态变化而调整交易策略。

记得在东莞厚街的交流论坛上，面对数百位前来交流的朋友们，我是这样说的，这个市场有两类人会死掉，第一类为死多头，绝对死！第二类为死空头，也必须死！

死多头的特点，是365天看多做多。

死空头的特点，是大盘涨了30%，他还在看空做空，等到他一翻空做多的时候，他就快死了。为什么呢？因为大盘已经快涨完了，他进场的时机就是即将见顶的时候。

只有一种人会活下来，那就是：滑头！

滑，不是一个贬义词。在股市里，滑是一个褒义词。说明了灵活运行于风险极大的市场所选择的交易策略以及应对的灵活状态。

因为滑头，所以一直在坚守，一直在坚持。

剩者为王。滑头策略，是这个市场最大赢家！

不要以为你很聪明，能够战胜这个市场。

你只要稍微一得意一疏忽，你就会成为庄家的食品，你就会成为这个战场的炮灰。

灵活机动，谨慎乐观，方圆内外，游刃有余，伍朝辉希望所有学习涨停技术的有志者能达到这种股市大家的境界，而不是拘泥于技术教条的穷形尽相。

伍朝辉

2013 年 1 月 31 日